千寻 与世界相遇

千 寻
Neverend

总 策 划　杨旭恒
选题策划　姚湘竹
项目编辑　云海燕
装帧设计　木
内文排版　史　明
责任印制　盛　杰
营销编辑　火　包

Your Child Can
Learn Better

唤醒儿童学习力

林薇 著

推荐序　Preface

学习，是一种能力

"学习"这两个字，对于中国父母来说，是绝对的重中之重，它所包含的意义，是任何一个词也无法取代的，它是教育的过程、手段，也是终极目标。

但是，很少有人懂得，学习，更是一种能力。

我们从上学开始，就见识过形形色色的同学，有的永远记不住作业，有的写字像螃蟹爬，有的做什么事都拖拖拉拉……老师和家长也总是用"注意力不集中""粗心大意""不努力"等等字眼来评价他们，而这些"毛病"好像很少有改正的可能，它们在多数孩子的学习生涯中一路贯穿下来。

直到遇见林薇，我才知道，以上种种，都跟一个人的"学习能力"有关。她不仅郑重地提出了"学习能力"的概念，并且三十年如一日地研究、实践，让很多孩子掌握了这种能力。

当年的"金色雨林"只是儿研所里小小的一间房，却做着超前的事。我的一位老师曾预言：学习能力的研究会在未来有很大的发展，这是社会进步的需求。正如老师所言，当前全社会开始发展素质教育，信息时代导致资讯爆棚，家长对"学习"的认知也有了改变，单纯数落孩子学习上的各种毛病，解决不了根本问题。但是，根本问题是什么呢？这就是"金色雨林"

要解答和解决的。

我的一位朋友的女儿刚上小学一年级,她写字总是左右颠倒,即便让她把一个字写一百遍,第二天照样是颠倒的。朋友为此十分着急:怎么就是记不住呢!她以为勤学苦练能纠正这个毛病,我劝她,没用的,孩子的问题不是脑子笨记不住,而是本体感有问题,是要进行专业训练的!我让她带女儿去"金色雨林"做测评和训练,后来孩子有了显著的进步。

可见,孩子的很多学习问题都是学习能力不足引发的,而非孩子主观上不努力、不勤奋。家长的批评不但起不到任何作用,还会让孩子产生抵触情绪,逐渐开始厌学。没有哪个孩子是从上学起就想做个"差生"的,可是,当孩子在学习上遇到困难,作为家长,我们能否及时发现困难的症结,并采取有效的措施帮上孩子的忙,却是一门大学问。

我很幸运,能在儿子出生前就认识林薇,她让我对学习能力有了一定的了解,并且知道,培养孩子学习能力的最好时机是在学龄前。孩子的学习问题往往都是上学之后才出现的,而这些问题大多却是学前的疏于培养导致的。所以,儿子出生后,我就开始了自己的"实践"活动,从方方面面培养他的学习能力,让他轻松愉快地成为一名小学生。

所谓良师益友，我想，就是林薇这样的吧。

对一件事坚持久了，它就会成为信仰。我看着林薇一步步艰难又快乐地跋涉，我知道她放弃过很多，但对于这份事业她却从未有过半点儿放弃的念头。她的坚持，就是更多孩子和更多家庭的福气。

刘湘梅

京师创智早期教育研发中心主任

推荐序　Preface

教育需要智慧

九年义务教育是每个孩子在成长过程中必须接受的教育。父母和教师的责任是指引和帮助孩子在这个学习过程中完成三个转化，即：知识上的转化——从不知到知，从知少到知多；情感上的转化——从要我学到我要学；能力上的转化——从学会到会学。

家长在帮助孩子完成这三个学习过程的转化时，确实存在着这样那样的疑惑。比如，我们经常会听到家长抱怨说孩子注意力不集中、好动、上课不认真听讲；读、写、算方面记忆力弱，写作业多一笔少一画，还抄错题；理解数学应用题有困难；语文理解能力不足，写作文无法组织语言；不能与同学一起游戏，不合群；唱歌跑调，动作不协调……并且，家长们会笼统地把以上这些问题归结为孩子不好学、不认真、粗心贪玩所致。其实每个孩子因基因、环境等各种因素的影响，在出生时就具有了差异，这种差异会直接影响他们的学习能力。因此科学地、准确地讲，家长们所抱怨的那些问题都是由于孩子在成长过程中学习能力发展失衡造成的，而且每个孩子表现出的这种能力发展失衡是各不相同的。

要解决这些问题，家长需要付出智慧。

本书是由北京金色雨林学习能力研究中心创始人林薇老师在30余年的悉心研究和实践中积累起来的智慧结晶。她根据儿童生理和心理发育的特点，制订了一套独特的、成熟的学习能力训练体系——"个性化教育方案"。因此，这些从科学的基础出发用以提高学习能力的训练策略，对于家长来说具有很强的操作性，上百万学生在"金色雨林中心"接受了训练，他们的学习能力都有了不同程度的提高。

为了帮助更多不能到中心训练的孩子，林薇老师集30余年的研究成果和经验，撰写了本书，供从事有关教育工作的老师和家长学习、参考。本书所引用的国外相关资料，则可以开阔家长的视野。这是一本不可多得的好书。

本书提供给家长的，正是引导孩子如何有效学习、提高学习能力的智慧。祝愿天下的父母用自身的智慧，促使孩子比自己更智慧，人生更成功！

张雨青
中国科学院心理研究所博导、教授

自序　Preface

儿童，天生学习者

　　从前，有个小女孩很喜欢学习。可是到了小学三年级之后，她渐渐感到学习不再是快乐的，尤其是学数学变得越来越吃力。有一次数学考试，女孩只得了60分，但她还是非常高兴，因为自己的努力终于得到了回报——总算及格了。可是数学老师却不屑一顾地斜她一眼："就这么点儿成绩还高兴啊！我要是你，早就一头撞死了。"这让女孩感到了莫大的耻辱。或许老师是想通过这个方法来激励她，但是产生的效果却是相反的。从那以后，女孩对数学产生了深深的恐惧感。升入中学后，女孩的文科学得很好，这和数学上的困难形成了极大的反差。幸运的是，女孩遇到了一位理解她、鼓励她的老师。在这位老师的帮助下，她慢慢体会到：学习的动力不应该只来自外界强加给自己的压力，更来自自己内在的动力和能力。就这样，女孩不再抗拒数学，各科成绩齐头并进，最终考上了理想的大学。

　　这是一个从逆境中重新站起来的学习者的故事，也是我真实的成长经历。正是由于有着这样的切身体验，怀着与所有莘莘学子一样的心情，我一直致力于儿童学习能力问题的研究和实践，并期望普天下的孩子们不再把学习当成一件"苦差事"，让广大的父母学会帮助孩子一步一步地找到学习成功的诀窍。这也是本书想要探讨的主题——怎样让孩子感觉到学习不是压力，而是一桩可以轻松面对的事情。当然，这需要一些能力——学习的能力。

从1993年起，我和中国科学院心理研究所专家、荷兰莱顿大学和北京大学的心理学博士张雨青教授一起创办了北京金色雨林学习能力研究中心。经过多年的研究和实践，根据儿童生理和心理发展的特点，我们制订了一套独特、成熟的学习能力训练体系，并在北京、吉林、郑州、广州、宁波、石家庄等地发展了分支机构，经过训练的孩子学习能力提高率为96.8%。事实说明，学习能力是可以细化、量化测评的，并且是可以通过针对性训练得到提高的。

2003年，我们与中国儿童保健指导中心、中国科学院心理研究所超常儿童研究中心、中国心理学会医学心理专业委员会及宋庆龄基金会等联手推出了"成功人生系统教育工程"学习能力万里行大型跟踪活动，引导家长如何采用更有效的家庭教育方式，配合孩子在学校的学习，提高孩子的学习能力。活动开展以来，受到了社会各界的广泛欢迎，取得了大量卓有成效的研究成果。

　　尽管我们帮助了很多学习困难的孩子取得了学习的成功，但是在很多城市和乡村，依然有许许多多的孩子正在遭遇学习困难并且束手无策。我真诚地希望通过这本书，将我们多年的研究成果和训练理念分享给他们，让更多的孩子能够轻松地、快乐地学习！不忘初心，希望我多年的努力和坚持能够切实地帮助到每一个孩子，惠及每一个家庭。

目录 Contents

第一章 是什么决定孩子的学习质量 /1
每个孩子都有自己的学习优势 /2
学习能力是学习的根本 /4
学习能力有哪些发展阶段 /8
学习能力存在差异 /15

第二章 唤醒孩子的学习能力 /19
学习能力是可以测评的 /20
学习能力是可以训练的 /24
感觉运动能力 /30
视知觉能力 /70
听知觉能力 /111
语言及文字符号运用能力 /153
逻辑思维和推理能力 /173

第三章 学习困难不用怕 /189
如何帮助孩子战胜心理上的挫败感 /190
如何对待孩子反应慢 /194
如何对待孩子注意力不集中 /199

如何对待孩子过目就忘 /204
如何对待孩子考试焦虑 /212

第四章 家庭教育的积极作用 /217
家庭教育的基本原则 /218
解读不同的家庭教育方式 /232

附录 /241
Ⅰ. 学习类型自测问卷表 /242
Ⅱ. 学习能力发展阶段的目标 /249
Ⅲ. 家长教育方法测评表 /253
Ⅳ. 12 岁以下儿童感统失调自测表 /261

Chapter One
第一章
是什么决定孩子的学习质量

每个孩子都有自己的学习优势
学习能力是学习的根本
学习能力有哪些发展阶段
学习能力存在差异

每个孩子都有自己的学习优势

孩子天生会学习,因为正是学习才能使孩子成长为一个真正的人。

学习心理学的研究表明:儿童的学习是非常灵活的,每个儿童的脑发展各不相同,他们也会采用不同的方式和优势来学习,同时也会在掌握自己最需要的技能上努力达到成功,比如运动、交流、情绪调节、艺术才能等等。现在很多父母都深信孩子身上具有无穷的潜能,他们知道孩子在学习过程中需要有支持性的、敏感的成人抚养者从旁协助,也清楚地认识到游戏和探索对于孩子汲取环境中的信息的重要性。

那么,问题来了。既然成年人都发现儿童的学习是一种尝试性的模仿和练习,是需要从体验中获得直观的经验从而转化为对自己和周围事物的理解,那么为什么一碰触到"学习",父母就难以等待,急切地期望孩子马上就能掌握某个知识或技能,最好是一夜之间如获神助般全都学会呢?

是的,孩子天生就会学习,正如百灵鸟天生就会鸣唱。即使对语言的研究已有近一个世纪的时间,语言学家仍然无法给出孩子在生命的早期不用课本、没有专门的训练，自然而然就会说话的原因。除了语言，全世界的孩子在生命最初的几年，只需要一点点练习和引导，就能掌握一系列令人惊讶的技能：走路，跳舞，唱歌，记住家人和陌生人的区别，认得去姥姥家的路，能在游戏中逗乐或者欺骗同伴，还能根据电视遥控器推理出空调遥控器的使用方法……太多太多了，孩子就像一个天赋神力的勇士，一路通关，破解自我发展道路上的一道道"学习之谜"。

不过，回到科学的轨道，我们需要知道，儿童的学习是按照特定的轨迹发展的，他们会随着时间的推移而不断发展出对不同领域的技能和知识的学习轨迹。就像一只小羊羔刚刚从羊妈妈温暖的子宫里出来，需要适应周遭的环境，学习生存一样，虽然人类的婴儿在降生之时神经系统和脑的基本结构已经形成，可以在良好的哺育条件下生存，但是作为整合高级适应功能的思维、智慧和语言的器官，他们的脑和神经系统在出生时还没有发育成熟，所以他们又是那么脆弱，需要父母更多的"唤醒"，来协助他们完成对自己和外部世界的理解。

学习能力是学习的根本

（1）什么是学习

什么是学习？人们普遍认为，学习就是老师在讲台上讲，学生坐在下面听或者是没完没了地做作业。实际上这种认识严重阻碍了我们对学习的认知，因为这样容易把学习等同于一种单向的传输过程。

其实，从其所包含的内涵来看，"学习"应该由三个层面构成，它们分别是：

①需要获取的知识，也就是学习的结果；

②怎样去获取知识，也就是学习的过程；

③获取知识的方法，也就是学习的能力。

对于每个孩子来说，这三个层面都是非常重要的，都不可忽视。假如我们只强调孩子学了多少知识，会做多少道题，而不去关注他们获取这些知识的途径，不去了解他们的学习动机、学习兴趣，以及从学习这些知识的过程中获得了哪些经验，拓展了哪些能力，那么我们将会很容易对孩子产生误解，更别说去帮助孩子学习了。

由于对学习的理解是如此片面、单一，这使得我们在对待孩子的学习活动上经常做出一些违背学习规律的事情。不少老师和家长在面对孩子学习成绩不理想、不够主动、粗心大意、拖拉等问题时，常常不能耐下心来真正地去了解这些问题产生的原因，更多的是指责、打骂、物质诱惑、惩罚、题海战术……最终导致孩子认识不到自己身上所具有的学习潜能，而是单纯地将问题出现的原因归结为自己笨、不努力等。久而久之，问题越找越多，事情越来越棘手，孩子甚至会产生厌学情绪。

因此，正确的认识应该是：<u>每一个孩子都需要真正了解自己身上的学习潜能，而每一位老师和家长则必须通过了解孩子进而帮助孩子开发出适合自身的学习能力，唤醒孩子的学习力，让孩子成为一个出色的学习者！</u>

（2）什么是学习能力

人有很多种能力，比如运动能力、语言能力、社交能力等等，不一而足。一个人能力的强弱会决定他掌握各种技能的成效，影响他活动效率的高低。比如在数学的学习过程中，就要求孩子具备运算能力、想象能力、空间方位感、逻辑思维能力等。这些能力是孩子学好数学必不可少的条件。

可能有些家长会问："是不是让孩子多做题，对各种题型熟悉了就自然形成能力了呢？"答案是否定的。

其实在心理学上是不赞成把能力与知识、技能和技巧熟练画等号的，因为能力只有在活动中，而且只有在那种没有这些能力就不能实现的活动中才能体现出来。知识和技能只是能力的组成部分，如果缺乏知识和技能，孩子就不能进行相应的活动，也就不存在相应的能力。但是，能力又是在掌握知识、技能的过程中形成和发展起来的，而一定的能力又是进一步获取知识和技能的必要条件。可以这么讲，能力的发展较知识和技能来说要慢得多，也重要得多。

那么，到底什么是学习能力呢？

简单地说，学习能力就是怎样学习的能力，就是在环境和教育的影响下形成的、概括化了的经验。学习能力是人的能力的一部分，也是非常重要的一部分。

对于孩子来说，最基本的学习能力就是听、说、读、写、计算、思考等学习课业的能力。它们所涉及的心理过程十分复杂，包括感觉运动、知觉和知觉动作统合、语言、思维、自我监控。这些能力在人的学习过程中是不断发展的，而且在不同的阶段具有不同的特点和重要性。另外，在孩子能力发展的不同时期不仅存在敏感期，同时还存在最佳干预期。

比如，在学前阶段，感觉运动能力是一个孩子智能发展的基础，如果在这个时期，感觉运动能力发展滞后，不仅会造成孩子动作不协调、动作模仿力差等问题，还可能影响孩子对周围事物的认知能力以及社会交往能力。

戈达德（Goddard，2005年）研究发现：小脑的生长速度快于大脑皮层，2岁儿童的小脑体积就已达到成人的80%，完成了"髓鞘化过程的主要阶段",从而允许更多精细动作的完成。通俗地说,2~4岁儿童的感觉运动统合训练是非常有必要的,会为下个阶段的精细动作发展奠定基础。

等到孩子4~6岁之后,知觉以及知觉动作统合能力就显得极其重要。以手部动作为例,在可以顺利地握住剪刀剪东西之前,孩子首先需要发展良好的手部感觉和精细的肌肉运动能力,经过反复练习之后,孩子才能把某些感觉信息统一起来,从而使手与其他身体部位(上肢、眼睛)协调起来,自信地完成任务。如果这两部分的能力没有同步发展,孩子以后的书写、阅读和数学学习就会出现很大的阻碍。

正因为学习能力对学习如此重要,所以联合国教科文组织终身教育局局长保罗·朗格朗(Paul Lengrand)这么解释道:

未来的文盲,不再是不识字的人,而是没有学会怎样学习的人!

学习能力有哪些发展阶段

孩子从呱呱落地开始,并不是像白纸一样开始自己成长的旅程;父母也一直在观察和思考孩子正在发生的、将要发生的和期待他发生的能力。对于孩子来说,他们的重要任务是长大,随着时间的流逝,身体或生理变化为孩子成长提供了连续性,而经验和运用经验的能力不断成熟,更促进着孩子内心世界的变化。所以现在我们不应该像过去那样简单、割裂地区分孩子的能力发展阶段,而是应该用"整体性"的观点,从更为广阔的视角来描述这个各种复杂能力缓慢积累的整体过程,把孩子的成长过程看成全面的发展和成熟的过程。

当然,父母更关注自己的孩子在发展过程中的水平变化,我们也根据大量的研究来划分了那些会产生显著变化的不同的发展阶段。

一般来说,孩子的学习能力是随着认知的发展而发展的。学习能力最初的发展是从感觉运动阶段开始,向知觉和知觉动作统合阶段演进,再进入语言文字符号运用阶段,最后达到逻辑思维和推理阶段。

（1）感觉运动阶段

6岁前孩子的主要活动形式为全身性运动，也称大肌肉活动。他们通过坐、爬、走、跑、跳、抛、掷等活动与外界事物相互作用，从而使他们能够在头脑中对客观世界形成比较稳定的表象。

自然的游戏和身体动作的学习对这一阶段的孩子极其重要。这是因为：

①由于动作经验是属于个人的，而且主要依赖于个人的技巧和练习，因此早期的动作经验对孩子建立自我意识具有潜在的促进作用。

当孩子想要进行某项活动时，我们应该给予他们赞赏和奖励，鼓励他们去参与、去练习。这种良好的气氛建立起来并加以维持之后，孩子的自信心会有很大的增强。实际上，身体动作的成功，为孩子的学习创造了机会，并且会改善他们的学习表现。对于成功的体验，往往在孩子很小的时候就开始形成，并在孩子的一生中持续发展。

②身体动作的学习可使孩子在活动中凭借视觉、听觉、触觉、嗅觉和味觉等感觉来不断地认识事物、感受事物，并在此过程中逐渐对事物形成简单的判断，为日后更高层次的学习打下良好的基础。

③通过感觉运动的练习，孩子能逐渐地理顺混乱无序的世界，分辨出大小、左右、前后、上下、运动、静止、声音、颜色，学会以自我为中心，对周围世界进行基本的排列和计划，成为

动作的发起者和执行者。这种练习还可以帮助孩子用主观意念控制自己的活动，进而达到一定的目的，使孩子的计划性和条理性得到发展。

根据美国运动心理学家的观点，人的感觉运动能力发展按年龄和技能可以分为：基础运动技能期（0岁至2.5岁）、早儿童期（2.5岁至5.5岁）、晚儿童期（5.5岁至10岁）、特殊运动技能期（10岁至青年期）。

（2）知觉和知觉动作统合阶段

在感觉运动发展的基础上，孩子开始形成丰富的知觉表象世界。孩子在运动中通过感觉探索外部世界，并获得与外部世界相互作用的认识，这些积极的学习使得孩子早期就可以在脑中形成事物的基本概念，从而促发他们在六七岁时可以通过更规范的媒介进行学习。来自生理机制方面的研究表明：孩子的这些学习同与运动相关的小脑激活有关，所以绘画、玩沙、玩水、捏橡皮泥、玩过家家等活动会促进孩子更高级认知功能的关键脑区的发育。

随着感觉运动能力的提高，初上小学的孩子便可以利用听知觉或视知觉进行学习。虽然这时候他们的感觉动作仍然必不可少，但是许多活动已经开始由知觉加以替代。如当老师和家长要求孩子做某件事情时，他们不再需要先模仿这个动作才能进行理解，而是直接就能够从老师和家长的表情或者言语中获取信息，并根据自己的记忆去完成这项活动。这时孩子的学习能力就进入到知觉和知觉动作统合阶段，具体地说就是视知觉和听知觉发展阶段。

在这个阶段中，孩子会利用视知觉来辨别相同或者不同的事物，学习区分经验中的对象和背景，学会连点成线、由线成面，并且通过记忆来不断呈现或操作图形、文字。另外，孩子在听知觉的能力上也有了很大的进展，能将不同的语言与不同的事物进行关联，并能通过不同的发音理解表情和含意。这样，孩子的基本思维能力也不断得到增强。

在这个阶段中，孩子虽然还离不开动作的指引，但是这时的动作却是由知觉来管理的。这时候的孩子能在知觉的支配下，将大脑中的经验原原本本地说出来或者画出来，或者将大人的话重述一遍。这些说明孩子的心理活动已占相对优势，这对他们开始学习课业有极大的帮助。

（3）语言文字符号运用阶段

语言是人们用来沟通和交流的工具，是传递信息的载体。语言本身是一种复杂的符号系统，包括语音符号（发音）和图形符号（文字）。语言也是人类特有的行为方式，这种行为方式与人类大脑及其神经系统的结构有关。

神经心理语言学研究表明：儿童之所以能够获得语言，是因为人类的大脑皮层具有获取语言功能的神经中枢区。尽管一个儿童一生下来就具有获得语言的潜在可能，但这并不意味着这样的天赋就能自然而然地发展并形成良好的语言能力。真正对孩子的语言发展起关键作用的是语言环境，更具体地说，应该就是家长教育和训练孩子语言的环境。

根据语言系统发展和语言运用发展相结合的语言学标准，儿童的语言发展可以划分为五个大的发展阶段。

①声音发展阶段

从出生到6个月前后。在这一阶段，孩子只是发出无意义的声音，并出现最初的对声音的模仿。孩子和成人之间的交流还不是语言性质的，而只是一些无条件反射和条件反射。

②被动语言交际阶段

从6个月至1岁。在这一阶段中，孩子虽然还不会说话，但对话语已有了初步的理解，开始以被动的方式参与到与他人的语言交流活动中。这个阶段的孩子可以用简单的肢体语言与成人进行交流，表现出最初的社会交际形式。

③特殊语言交际阶段

大约从1岁到2.5岁。在这一阶段，孩子已经开始说话，并能以主动的方式参与语言交流活动。他们这时使用的话语多为独词句、双词句或电报句，是属于儿童的特殊语言。

④目标口语发展阶段

大约从2.5岁到6岁。在这一阶段，儿童的特殊语言成分大大减少，语言已经被纳入目标语言的轨道，孩子已经掌握语音系统和语言运用规则，并具有一定的词汇量和语言运用技能。孩子可以用词语来解释词语，语感也已经形成，并能进行一般日常语言交际。

⑤语言系统成熟阶段

从6岁到少年期结束。在这一阶段，孩子渐渐完善自己的语言系统和语言运用能力，掌握了一些较难的语法，迅速扩充词汇量，发展出各种语用技能；书面语也有较为客观的发展，并对口语产生重大影响，语言发展逐渐趋于成熟。

当孩子的知觉和知觉动作统合能力发展成熟之后，他们才有可能发展和形成语言文字符号的运用能力，例如我们所知道的阅读活动。阅读是对文字符号的辨认及理解，文字与图形的不同之处是文字代表着一定的意义，因此阅读活动涉及更高级别的大脑活动。孩子要进行成功的阅读必须具备以下两个条件：

第一，眼球运动、视觉速度、视知觉的辨别能力；

第二，理解字词含义。

这两个条件缺一不可。缺乏前者，孩子会在阅读时丢字落字、颠倒阅读次序；欠缺后者，孩子则会一知半解，或者将句子读得支离破碎。所以语言文字符号的运用对于孩子的课业学习将产生直接的影响，因为这些学习都需要语言文字符号运用能力的直接参与。

（4）逻辑思维和推理阶段

思维是客观世界在人们头脑中的概括和间接的反应，是借助语言来实现的，是在感性认识基础上产生理性认识的高级发展阶段。

孩子的思维过程，由于具体感知和抽象概括的不同，呈现不同的阶段，是从直观到抽象再到实践的。抽象的思维是以具象的感知为基础的，反过来它又可以促进感知更加充实和丰富。可以说，孩子的思维是在自己切身经验的基础上不断发展的，这些经验反之又会影响孩子正在发展的脑和学习能力的塑造。因此，<u>阅读、写作、计算等学习活动适合年龄稍大的儿童，并不适合那些两三岁的幼儿</u>。在现在的早教及幼儿教育中有种倾向，即过早地训练孩子的逻辑思维；速算、识字等兴趣班很受欢迎，不少家长趋之若鹜，殊不知这样的拔苗助长反而会抑制孩子大脑的有效开发，得不偿失。

从简单学习到形成日益复杂的思维，孩子的学习没有搁浅，反而随着脑的成熟，使得孩子可以在更广泛的环境中进行更多探索，学习类型更多样，知识层次更深入。

通过前面各阶段的提升，孩子就能逐渐自然地发展形成逻辑思维与推理能力。当具备了这些以后，孩子就能解决更为复杂的学习问题。例如在解数学应用题时，我们应从弄清已知条件、确定数量关系入手，然后再列式计算。这就是一个逻辑思维及推理的过程。

其实孩子的逻辑思维和推理能力的形成是一个长期积累的过程，必须建立在前面三个阶段成熟发展的基础上，它更多的是体现孩子基本学习能力的累积。这个阶段的孩子极其需要进行思维的拓展性学习，进而使他们掌握更科学、更适合自己的学习方法以及解决问题的方式。

学习能力存在差异

有的孩子好"动",有的孩子好"静",这种差异是客观存在的。不同孩子的学习能力发展水平存在着很大的差异。这种差异具体体现在哪些方面呢?

(1)孩子学习能力的差异表现在时间的早晚上

有的人很小的时候就会在某些方面表现出很优异的能力。比如,有的小孩3岁就能够准确地分辨出乐器的音高,有的即便到成年之后,对音乐的辨别力和感受性仍然极差。再比如,我们称之为"人才"的早熟现象,自古就有;王勃6岁作诗、曹冲称象等故事都广为人知。

可是,也有一些人到了很晚才表现出较强的能力。比方说爱迪生小学才念了6个月就退学了,由妈妈在家里教他学习;可是因祸得福,爱迪生最后成了20世纪最伟大的发明家。还有"相对论"的缔造者爱因斯坦,在上小学的时候老师说他是"不会有大出息的孩子";谁承想爱因斯坦最后所取得的成就远远超出了老师的预期。

知道了学习能力在时间早晚上存在差异，那么，家长就不应该对孩子的学习能力过于苛求。

（2）孩子学习能力的差异表现在类型的不同上

就像大人的能力各有千秋，孩子的学习能力也是各不相同的。有的孩子对听过的事情记得特别牢，而且能说会道，我们把这一类孩子叫作"听觉型"的孩子；有的孩子对看过的东西过目不忘，对图形、表格之类的提示非常敏感，喜欢从事手工、画画等操作性活动，我们把他们叫作"视觉型"的孩子；还有一些孩子活泼好动，运动能力较强，在动作能力的发展上表现优异，这一类孩子则属于"运动型"的孩子。

当然这些所谓的类型主要是指孩子在某方面的能力发展具有相对优势，并不是完全绝对的分类。但家长要清醒地认识到，这种差异是确实存在的。

乐乐是一个聪明的孩子，这是老师和家长一致认可的。比如在上课时，乐乐对老师所提问题的反应速度最快，总是第一个举手发言，相当自信。但是做练习题时，他可就垂头丧气了。因为他的书写速度太慢，常常时间已到他还是写不完，弄得老师和家长都跟着着急。乐乐自己也觉得委屈：我挺聪明的嘛，怎么关键时刻就不行呢？究其原因，乐乐应该是一个典型的"听觉型"的孩子，他的听说能力要明显高于视动能力，因而出现了这种"看着容易做起来难"的尴尬局面。

那么，为什么孩子的学习能力会存在差异呢？

其实，孩子的学习能力是受遗传、环境、后天教育等因素共同影响的。

布沙尔（Bouchard，1995年）研究表明：出生后第一年，环境因素是造成个体差异的最主要因素，但是在1～6岁时，随着年龄的增长，个体发展又主要受到遗传因素的影响，比如口语能力、自我意识、躯体功能等方面。现代分子遗传学和心理学研究也表明：遗传因素影响着人的神经系统、酶系统和生物化学变化，而这些差异又决定着大脑皮层分析与整合，进而制约着个体心理活动的进行和发展。

但是，斯图尔特（I.Stewart，1998年）和费舍（Fisher，2006年）提醒我们：孩子的发展不仅依赖于遗传，还依赖于孩子的经验和对经验运用的能力。这说明，在孩子学习能力的获得和发展上先天和后天的影响比例为1:1。

总而言之，遗传因素为孩子学习能力的发展提供了可能性，但是它不能决定学习能力发展的现实性。决定孩子学习能力发展的是后天的环境和教育，其中家庭教育起着主导性作用。只有父母既给了孩子好的遗传素质，又给了孩子好的家庭教育，孩子的学习能力才能得到充分的发展。

Chapter Two
第二章
唤醒孩子的学习能力

学习能力是可以测评的
学习能力是可以训练的
感觉运动能力
视知觉能力
听知觉能力
语言及文字符号运用能力
逻辑思维和推理能力

学习能力是可以测评的

家长和老师在日常学习生活中观察孩子的学习能力发展，是为了及时避免孩子在学习过程中出现发展滞后的现象。但怎样才能发现孩子在能力发展的过程中是否滞后了呢？学习能力是可以通过测评来评估的。

一般来说，学习能力的测评主要包括以下几个部分：

（1）感觉运动能力测验

包括平衡能力、肌力、运动协调性、节奏感和空间方向感等方面的测验。通过这些测验来评估孩子的感觉运动能力是否落后于他的实际年龄。

（2）知觉和知觉动作统合能力测验

包括注意力、记忆力、听知觉和视知觉等方面的测验，通过这些测验来评估孩子的知觉和知觉动作统合能力的发展。

（3）语言表达与阅读测验

通过语言表达和标准化的阅读测验，了解孩子语言能力和阅读能力的发展程度。这是影响孩子学习质量的一个重要方面。

（4）逻辑思维能力测验

通过图形推理、解决问题等测验，评估孩子的逻辑思维能力。

对学习能力进行测评，目的是分解、量化孩子的学习能力，从而为帮助孩子提高学习能力、制定个性化的教育方案提供科学的依据和具体的目标。

腼腆的童童

9岁的童童是一个性格腼腆的女孩。有陌生人在场的时候，她总是躲在妈妈的身后。那天，她刚一进门就很紧张地盯着我，从她怯生生的眼神中可以看出她的小心思：这个阿姨要对我做什么？肯定是想办法套出我的话。在我和她妈妈谈话的时候，她一直在旁边安静地坐着，不像别的孩子会在屋子里走来走去或者动这动那，她漂亮的双手在面前相互绞着，可以看出她在控制自己。

第一步：我向童童妈妈询问童童的生长发育情况，包括她的体质、睡眠、营养等等，并且详细了解童童平常的学习活动安排以及她的兴趣特长。

第二步：和童童直接交流。我向童童问了一些问题。比如：你每天在学校主要做些什么活动？你和你的老师相处得如何？你最喜欢哪些科目？你觉得哪些科目最容易，哪些最难？你和同学相处得怎样？你觉得自己的学习成绩怎样？

这时候童童已渐渐卸下防备，开始向我倾诉："我的老师不喜欢我，她从来不叫我帮她做事情，老是叫我旁边的同学。""我喜欢自然课、体育课，有点儿喜欢语文课，但是不大喜欢语文课中的排列句子和写作文。我觉得数学应用题最难。""我上课听讲很认真，可是有的时候记不住老师讲的东西，老师老说我不举手发言。"

第三步：我带着童童进入测验室，对她进行智力和学习能力的测评。

在韦氏智力测验中，童童的得分为101分，其中操作能力测验得分高于语言能力测验的得分。这说明童童的操作能力要强于她的语言能力。

在学习能力测验中，童童的注意集中性正常，但是注意广度很窄，相比较而言，她的听知觉能力落后于视知觉能力。在语言表达和阅读能力测验中，童童的表达能力正常，阅读理解能力相对较差。这说明童童的感觉运动能力最强，擅长动作学习。

综合以上三个步骤的结果，我们可以了解童童是这样的一个学习者：

她擅长通过肌肉动作和触摸活动进行学习，比如她能将动作练习、实际操作，或者某种模仿式的活动引入学习。由于她的听觉能力落后于视觉能力，因此相对来说，她通过观察、画图、分类操作等方式来获得学习成效相对要更容易一些。

此外，由于她的听觉能力在三大基本学习能力中处于最弱态势，因此上课听讲、口语报告、讨论问题、阅读背诵等活动将是她的学习弱点。

我把童童学习能力的测评结果给童童妈妈做了详细的解释后，她恍然大悟，说："我从来没有想到过学习能力的差异是影响她学习表现的重要原因。我只觉得是她太胆小，上课不专心听讲，所以总是批评她，可是效果很不好。我现在才知道，其实是以前的学习方式不适合她。"

学习能力是可以训练的

这里，我们先来介绍几位特别的学习者的故事。

英国首相温斯顿·丘吉尔在念小学时曾因阅读上的困难和拼读问题被安排在最差的一个班级。老师认为他是属于学习缓慢的孩子，需要进行单独的集中式教学。幸运的是，丘吉尔虽然有严重的拼读困难，可是他却有很强的语言表达能力，当他用口述式的方法进行学习和写作时，他便找到了最适合自己的学习方式。

知名美国医学专家弗里德·爱泼斯坦在上学时也曾被认为不是个好学生，即使在大学里，他的成绩也不算好，尤其理化成绩更糟糕。可是他却有着强烈的决心和不屈不挠的精神，最终攻克了其他神经外科医生不敢碰的病例，拯救了无数孩子的生命。

著名的美国跳水运动员格雷格·洛加尼斯也是一个被人认为学习表现和潜能极不相称的人。开始上学时，由于有表达和阅读困难，他经常遭到同伴的捉弄和嘲笑，这一切使他非常沮丧。他说："我决心集中一切时间和能量投入到我能够精通的某件事情上。"他喜欢而且精通舞蹈、杂技、体操和跳水，他在学习中磨炼了运动才能。在遇到一个杰出的教练之后，他终于成功了，获得了奥运会金牌。

诗人和作家艾米·卢瓦尔，数学学习有困难；美国第28任总统伍德罗·威尔逊到9岁时还没有学会字母表……

不管这些名人有多么严重的学习问题，值得庆幸的是，他们最终都找到了避免或弥补自身弱点的学习方法，最终取得了成功。

从上面的故事中，我们可以认识到：每一个孩子的学习能力或者学习方式都是独一无二的，这种独特性反映在他们各自学习能力的发展程度和学习能力的优势与弱点上。了解自己的特点，扬长避短，因势利导，才能获得最终的成功。因此，<u>想要激发孩子的学习潜能，首先要了解他们的学习能力和学习方式</u>。只有这样，我们才能正确判断孩子的学习现状，在孩子遇到学习上的困难时，我们才能更好地理解、协助他们，鼓励和指导他们跨越挫折，让他们看到希望，迈向成功。

父母在训练孩子学习能力的过程中扮演着非常重要的角色。因为家庭是孩子第一个接受教育的地方，父母是孩子的第一任老师，往往也是孩子学习能力具体表现的第一发现者。因此，父母在孩子的成长过程中为其提供足够的关注、尊重和机会，是孩子的学习能力得到充分发展的重要条件。

下面我们针对日常生活中经常遇到的问题，向家长们提供一些训练孩子学习能力的基本原则和方法。

（1）尊重孩子的个性

每个孩子都是与众不同的，都是一个独立的个体，他们的个性特点理应得到充分的尊重。你的孩子也许没有他的同伴那样的音乐天赋，但他活泼好动；他可能数学成绩远不及你当年，可是他却在语言方面有着极强的领悟力。某种独特的才能在每个人的成长过程中都是存在的，同时它也体现出每个孩子独特的个性。因此尊重孩子的个性实际上就是尊重孩子与他人的不同，也能让他在成长过程中获得自信。

（2）发现孩子的"闪光点"

每个孩子都有向上的愿望，都希望自己成为优秀的、受人尊重的人。孩子的这种愿望正是他们成长的动力。父母每次赏识的目光，每句肯定的话语，都会有效地点燃他们身上积极向上的火苗，使他们获得克服困难的决心和勇气。

（3）了解孩子的兴趣

现在很多父母在周末的时候都会带着孩子奔波在各个兴趣班和补习班之间，把原本快乐的学习活动变成了身心俱疲的"苦差事"。

为了讨好家长，孩子们只能消极地顺从，尽管有些活动对他们来说无疑是要求过高，或者是与自己的兴趣不相一致。这样做的弊病显而易见，它不仅使孩子的能力与兴趣不能充分得到施展，更会让孩子产生厌烦情绪，从而对孩子的内心造成伤害。

大家知道，任何学习活动都只有在发动孩子内在动机的情况下才会有好的成效，因而我们应该事先充分了解孩子的兴趣和能力，再来决定孩子的各种学习活动。

（4）学会鼓励

有的父母看见孩子在钢琴上兴致勃勃地"乱弹"时，总爱说："听你弹的是什么呀？我来教你吧！"或者看到孩子随意涂写画板时，表现冷漠，批评孩子。这些实际上都会阻碍孩子学习能力的发展。

每当歌唱家帕瓦罗蒂回忆起父亲和奶奶鼓励他的话时，他就像个孩子一样幸福。在他很小的时候，他就常自编自唱地哼一支谁都不曾听过的曲子，这时他的奶奶就会说："看着吧，我的孙子会成为一位大人物。"上学后，他仍然特别喜欢唱歌，以致影响了学习。可他的爸爸却不断地鼓励他说："我相信你，你有唱歌的天赋。"

建立在事实基础上的、合理想象出的肯定性语言，能够使孩子不断地认识并发展自己的才能。

（5）创造合适的学习环境

美国国家学习实验室专家研究表明，许多不同的因素决定了个人学习方式的差异，而这些差异则决定了人们是如何接受、储存和利用知识的。

有的孩子喜欢独立学习,有的孩子则喜欢几个人聚在一起学习,还有的孩子需要在班级里才能获得最佳的学习效果。我们还经常看见,有些孩子边写作业边戴着耳机听音乐,有些孩子则只有在安静的屋子里才能进入学习状态。这些都表明,每个孩子都有最符合自己学习方式的环境。那么,什么是合适的学习环境呢?答案很简单,只要在学习时能够激发起他们主观能动性的,能让他们最大限度地利用自身能力的学习环境,就是最合适的学习环境。

所以家长们应在充分了解孩子学习方式的基础上,创造适合他学习方式的环境,这样才能更好地达到促进孩子学习的效果。

(6) 培养孩子的责任感

现在很多父母都抱怨自己的孩子没有责任感,做事缺乏自主性,只会向下看,不会向上比,没有荣誉意识等等。其实我们应该知道,责任感并不是凭空建立起来的,孩子需要在日常的活动中逐渐意识到自我的价值,进而才能建立起责任感。

我们可以让孩子在生活中承担一件自己能做的事情,或让他了解自己在家里或在某个团体里应负的责任,并让他在执行过程中不断地得到认可。这样他就能一步一步地建立起责任感,并把自己的生活、学习与周围的人、事、物联系起来。一个总是受到别人指责的人,是很难具有责任感和荣誉感的,所以一味地责备孩子没有责任感是于事无补的。

因此我们应当多为孩子提供承担责任的机会。如让孩子自己体验做事的后果（在保证安全的情况下），而不是每次都由家长来代他承担。这样一来，孩子才会真正感觉到需要通过自己的努力去改变现状，去获得荣誉。帮助孩子树立责任感，也是挖掘孩子学习能力的一个必不可少的条件。

我们在前面说过，每个孩子都是独一无二的个体，他们在学习能力、学习方式上具有很大的差异性。只有找到针对每个孩子自身学习能力的个性化训练方法，才能真正达到帮助孩子提高学习能力的目的。

为此，根据儿童学习能力的发展规律，我们在感觉运动能力、知觉和知觉动作统合能力、语言及文字符号运用能力以及逻辑思维能力几大方面，给出了具有针对性的个性化训练方法，以此来指导和帮助孩子了解自己的优势和弱点，并充分利用自身的能力，使自己的学习方法得到改进，在不断的练习中逐渐形成适合自己的学习方式。

感觉运动能力

感觉运动能力包括平衡能力、肌力、方向感、节奏感与韵律感、触觉、身体形象和协调能力等。感觉运动能力是孩子最基本的学习能力，原因在于：

①感觉运动能力是孩子与外界互动的主要渠道；

②感觉运动能力是孩子发展言语能力的基础；

③感觉运动能力与孩子的逻辑思维能力、数学计算能力密切相关；

④感觉运动能力可以促进孩子社会交往能力的发展。

（1）平衡能力

璐璐今年8岁，上三年级，妈妈说她现在还不敢骑童车。她走路老是磕磕绊绊，跑步的时候身体总倾向一侧，整个身体很不协调。老师说她的肌肉总紧张着，走平衡木时身体也僵硬着。和同学们一起做游戏时她经常碰撞别人，而且总是第一个违反规则，大家都不愿和她一起活动。

她上课时小脑袋也总是晃呀晃的闲不住，身体坐不稳，会不断地调整姿势，注意力也集中不起来。老师的要求她听而不闻，爸爸妈妈也拿她没办法。

平衡能力是人体对抗地心引力、维持自身动作稳定灵活的一种动作能力。平衡能力的提升有助于孩子身体各感官对信息的接收，因为外界的信息往往是通过平衡器官（前庭）统合后传输到大脑的。平衡能力提高后，孩子的注意力会更集中，多余动作减少，孩子的反应更敏捷。同时由于前庭平衡系统与躯体垂直感有关，如果平衡能力增强了，孩子的书写质量也会得到改善。

保持正常的姿势，是人类进行各种活动的必要条件。而正常姿势的维持是依赖前庭器官、视觉器官和本体感觉器官的协调活动来完成的。其中，前庭器官最为重要，它是人体对自身运动状态、头的空间位置和地球重力作用方向之间差异的感受器。

平衡能力有助于孩子接收各种感觉信息，因为外界的刺激往往是通过前庭平衡器官统合后传递到大脑的。平衡能力的提高有助于孩子更有效地接收信息，筛选多余的刺激，从而使孩子的注意力更易集中。

良好的平衡能力还有助于孩子垂直感的建立，为孩子的空间知觉打下坚实的基础。

通过坐、站、走路、跑步以及在平衡木上前行、倒退等训练可以调整孩子的平衡感。让孩子学习用足尖走路，单双脚交替跳跃，旋转身体等可以提高孩子的平衡能力。

平衡能力差的孩子一般有以下表现：

①喜爱玩旋转的凳椅或游乐设施，而且不会晕。
②喜欢旋转或转圈跑，而且不晕不累。
③怕走平衡木。
④虽然看到了，仍然碰撞桌椅、旁人或门墙。
⑤行动、吃饭、敲鼓、画画时双手协调不好。
⑥分不清左右方向，鞋子、衣服常常穿反。
⑦语言不清，发音不准，语言能力发展缓慢。
⑧比较好动，在阅读、听写和抄写方面比较困难。
⑨上课时注意力不集中，爱做小动作。

家长对孩子进行平衡能力训练时应注意：

①运动中支配身体的面积，由大到小。
- 从卧位到侧卧位。
- 从卧位至坐位再到站立位。
- 从双足站立至单足站立直至足尖站立。

②身体重心由低到高。
- 在平地上行走。
- 在体操凳上或更高的板凳上行走。

③从自我保持平衡直到破坏平衡后重新维持平衡。
④从静态平衡到动态平衡。
- 在安静状态下保持平衡。

- 在动作中保持平衡。

⑤在专注状态下保持平衡到非专注状态下保持平衡。

⑥从睁眼时保持平衡到闭眼时保持平衡。

● 平衡能力训练游戏

1. 金鸡独立

这个游戏可以初步训练孩子在重心偏离常态时的身体平衡感。

游戏方法

（1）双手左右侧平举，身体正直，目视前方站稳；
（2）一只脚站立，另一只脚抬起，上身保持不动；
（3）换脚练习，并逐渐延长站立时间。

小提示：
    单脚站立时尽量不要东摇西晃。

2. 顶物运输

这个游戏可以初步锻炼孩子在动态中的平衡感。

游戏方法

（1）在地上画两条直线，设置起点和终点；
（2）孩子头顶一本书或一个枕头站在起点；
（3）沿直线将头上的物品运到终点，如果物品掉落则回到起点重新开始；
（4）直线运输毫无难度时，可以将直线改为圆。

小提示：

可以多人比赛，看谁先到达终点。过程中不许用手扶头上的东西。

3. 蒙眼过桥

这个游戏可以发展孩子不依靠视觉的空间平衡知觉能力。

游戏方法

（1）在空地上画出两条平行的直线，称其为独木桥；
（2）开始时睁眼站在独木桥的一端，并注意地面上的独木桥的走向；
（3）闭上眼睛沿着独木桥向前方行走。

小提示：

要保障孩子的安全，活动范围内不要有障碍物，独木桥的起点与终点均要有明显标志。

（2）肌力

小玲是个 9 岁的小女孩，身体很单薄，平日里总是无精打采、很疲倦的样子。上课时，她挺不直上身，总是弯腰驼背；听讲时，不是手托着腮，就是趴在桌子上，不能保持一个正确的姿势；握笔的姿势也不正确，抄写速度还很慢，经常写不了几个字就要停下来休息。

做运动时，她身体部位都十分紧张，动作僵硬，不会放松，站立的时候不断变换姿势。老师批评她，她总是说"我好累"。老师对她束手无策，只好与家长联系。妈妈又着急又无奈，感到十分苦恼。

肌力是肌肉收缩的力量，是人的机体或机体的某一部分肌肉工作（收缩或舒展）时克服内外阻力的能力。肌力包括肌肉的张力、动力和耐力，它们是儿童身体适应能力中的重要因素。<u>如果孩子的肌肉收缩无力，或者因身体极容易疲劳而不能持久地伸缩用力，往往会影响孩子的身体动作协调性。</u>

锻炼肌力不仅可以促进神经系统的生长发育，使孩子的身体躯干更有力量，而且能让孩子掌握对不同力量的控制能力，为孩子适应学习生活做好准备。

我们经常看见有的孩子不能较长时间保持较好的姿势，坐无坐相，站无站相，由于精神不振导致注意力不能持续集中。这些问题的根源就在于这些孩子的肌肉活动不足、肌力较差。

肌力可以通过翻滚、爬行、跳跃、提重物，以及仰卧起坐等训练加以增强。

肌力不足的孩子一般有以下表现：

①上课注意力不集中，爱做小动作。
②看书或写字时，总爱趴在桌上，不能保持良好的姿势。
③握笔姿势不正确，抄写速度比较慢，写一会儿就得休息。
④精神萎靡不振，看上去很疲倦。
⑤运动时，肌肉僵硬，动作不协调。
⑥做俯卧撑时，头、颈、胸无法抬高。
⑦无法有效完成老师布置的任务，常有挫折感。
⑧手脚笨拙，容易跌倒。

家长对孩子进行肌力训练时应注意：

①遵循孩子肌力的年龄发展规律。循序渐进，既不可操之过急，也不可延迟滞后。

②先练大肌群，后练小肌群。腿部、胸部和背部的肌群属于大肌群，臂部、手部、颈部及脚部的肌群属于小肌群。

③肌肉要轮流交替训练。交替练习的肌群在每一次练习得到了一定的恢复后，进行第二次练习时才能承受更大的负荷；另外，同一块肌肉交替练习可以避免疲劳与损伤。

④注意负荷强度与重复次数。运动实践证明，如果练习时负荷重量大、重复次数少，则会锻炼最大力量，尤其肌肉群受

到超负荷练习后，力量素质会得到有效的发展；重量与次数皆适中，则肌肉的体积增大较显著；重量小重复次数多，则主要发展肌肉的耐力。

⑤注意动作速度。动作速度的快慢对力量的发展有着重要的影响。例如，练习时尽量加快动作的速度，尤其加快单个动作的速度，能有效地提高爆发力。

● 肌力训练游戏

1. 小士兵

这个游戏可以发展孩子的髂腰肌、大腿屈肌群、上臂屈肌群的力量，也可锻炼爆发力和控制力，提高身体的协调性、灵敏性。

游戏方法

（1）上半身前倾，做抬大腿动作，另一腿尽量蹬直；
（2）两腿轮流上抬，同时自然摆动双臂；
（3）一次练习3~6组，每组15~25次，每组做完休息3分钟。

小提示：
抬腿时尽量使大腿与地面平行，蹬直的小腿与地面垂直；动作速度越快越好；注意保持自然呼吸。

2. 小青蛙

跳跃运动是一种良好的健身方法。练习跳跃可以使人体承担一定的运动负荷，有利于提高身体机能水平和平衡能力，发展身体协调性和灵敏度。经常进行跳跃锻炼，能使身体得到振荡按摩，增强体质，提高运动素质水平。

游戏方法

（1）直腿跳：从深蹲开始摆臂蹬地向上跳起，下落缓冲还原到深蹲；
（2）收腹跳：从半蹲开始摆臂跳起，收腿收腹，下落还原后重复；
（3）反复练习，5~10次一组，每天1~2组，每周练习2~3次即可。

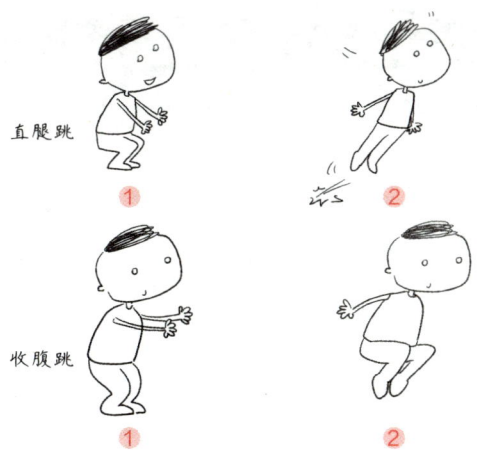

小提示：
　　蹬地有力，动作连贯，保持自然呼吸。

3. 俯卧撑

这个游戏可以发展孩子的三角肌前部、胸大肌以及肱三头肌等上肢力量。

游戏方法
（1）俯身向前，双手手掌撑地，手指向前，两臂伸直，两手撑距同肩宽，两腿向后伸直，两脚并拢以脚尖着地；
（2）两臂屈肘向下直到后背低于肘关节，接着两臂撑起伸直成原来姿势。

小提示：
身体保持平直，不能塌腰成"凹"形，也不可拱臀成"凸"形。

（3）方向感

琪琪是个三年级的小学生。她有着黑黑的头发，大大的眼睛，十分惹人喜欢。但是，她的学习却让父母着急。她写作业速度比较慢，写汉字也经常张冠李戴，而且颠倒笔顺和结构。写数学作业时她明明看到的是"35"却写成"53"，有时还分不清"6"和"9"，这样一来，她的计算就经常出错，影响了学习成绩。在仿画简单图形时她更是擦擦改改，总是画不像。在语言表达上她也存在着一定的问题，比如在讲一个故事时，她总是讲讲停停，很不连贯，而且前言不搭后语，别人真不知道她讲的是什么。爸爸妈妈很纳闷：难道琪琪是个"小马虎"吗？

方向感也称方位知觉，是人对物体所处方向的知觉，如对东西南北、前后、左右、上下等方向的知觉。人的运动有赖于对空间的认识，需要具备良好的方向感。同时学习作为一种知觉活动，也需要个人对空间关系有深刻的体验。

如果方向感发展不良，孩子就会出现抄写左右颠倒、偏旁张冠李戴等问题。另外，由于对空间关系认识不足，孩子还会出现诸如做事无条理、计划性差、对位置和顺序判断失误等问题。

方向感也可以用"本体感"来进一步解释。本体感是人体的深度感觉，它包括位置感觉和运动感觉。本体感可以帮助人体随时和地心引力保持协调的关系，比如在做大部分活动时，我们不用特别去注意身体、四肢的位置,也能够很顺畅地完成互相关联的活动,像翻身、站立、跳跃、扣扣子、写字、梳头等。

培养方向感可以通过训练孩子辨别左右、前后、上下、里外来进行,还可以让孩子练习抛接球、画图、走迷宫等。

方向感不好的孩子一般有以下表现:

①到陌生的环境很容易迷失方向。

②不善于玩积木、组合东西。

③排队、投球有困难。

④抄写汉字时经常把偏旁张冠李戴,左右颠倒,笔顺出现错误。

⑤仿画图形比较困难。

⑥语言表达能力差,叙述一件事情总是颠三倒四,前言不搭后语,使倾听者很难明白。

⑦无法保持自己桌子周围干净整洁,不会收拾桌子。

家长对孩子进行方向感训练时应注意:

由于方位本身具有相对性,儿童从具体的方位知觉上升到方位概念需要经过较长一段时间,因此在训练中要有意识地指导儿童正确地识别方位。此外,要特别纠正孩子因方位知觉困难造成的学习上的错误,如初入学的孩子常常是"b"与"d"、"p"与"q"、"8"与"∞"、"9"与"6"不分。

研究表明,方向感不完全受遗传的影响,后天的训练能够促进儿童方位知觉能力的提高。

方向感训练游戏

1. 辨别方位

这个游戏可以使孩子能以自身为中心,描述物体的相对位置。

游戏方法

(1)让孩子站定;
(2)说出自己上、下、前、后、左、右分别有什么东西;
(3)选择不同的环境反复游戏。

小提示:
　　孩子的反应速度越快越好。

2. 颠倒国

这个游戏可以培养孩子的空间方位知觉。

游戏方法

（1）指导孩子向相反的方向作出反应。比如让孩子举起自己的左手抓住自己的右肩等；

（2）让孩子站在镜子前面，判断镜子里自己的左、右手在哪里，并比较它们与自己实际左、右手的位置关系；

（3）再找找镜子里自己的左眼、左腿、右腿、左耳……并与实际的位置作比较。

小提示：

在保证正确的前提下，让孩子加快反应速度。

3. 纸上谈兵

这个游戏可以锻炼孩子的方位感，提高孩子在抽象水平上辨别方向的能力。

游戏方法

让孩子按方位指令在纸上画标记。
（1）在纸上画出一个中心点；
（2）给孩子方位指令，让孩子在中心点的上、下、左、右各画两个点，这些点呈十字状分布；
（3）以"十"字为中心，在其左上、右上、左下、右下的区域各描四个点，最后所有点构成一个正方形图案（如图）。

小提示：

让孩子学会听懂对抽象方位的指令。

（4）节奏感与韵律感

佳妮是二年级的小学生，她乖巧又可爱，水汪汪的大眼睛，看上去灵气逼人，在学校深受老师的宠爱。两个月前，学校组织文艺汇演，班里准备了两个节目，佳妮因为形象好被班主任老师选中当全班大合唱的指挥。佳妮却说自己做不好，不想当这个指挥。

音乐课上，佳妮总是觉得很难熬。老师组织打拍子，她总是和别人打得不一样。老师教唱歌，歌词她记得最快，但旋律和歌词却总也套不准。所以她从不敢轻易施展歌喉，更别说当大合唱的指挥了。老师坚持让她试一试，试的结果，老师也吓了一跳：简单的2/4拍，教了好几遍她都打不对，没有一点儿节奏感。老师只好无奈地换了别人。老师也想不通，这么简单的事情她怎么就学不会呢？

节奏感与韵律感是孩子通过活动培养起来的对时间快慢的感觉。它们对孩子大脑神经控制动作的能力和保持平衡的能力都有影响。节奏感与韵律感的训练可以让孩子的动作更敏捷、更周密，尤其是节奏感，它对孩子日后的语言发展有极其重要的作用。

拍球、跳蹦床、跳绳、拍节奏等训练，都可以达到这种锻炼目的。

节奏感与韵律感差的孩子一般有以下表现：

①运动时身体协调性差，动作不合拍。

②做作业不够细心，爱出一些小错，不是字少写一个笔画，就是数字漏写一个"0"。

③对音乐节奏不敏感，唱歌时容易跑调。

④不能控制动作的快慢和缓急，毛手毛脚。

⑤行为和情绪容易冲动。

⑥不能有序地安排自己的事情，常常一件事没做完，就去做另一件事。

家长对孩子进行节奏感与韵律感训练时应注意：

节奏感是音乐能力的重要组成部分，培养节奏感十分有必要。要培养孩子的节奏感离不开身体的动作，进行韵律活动是增强节奏感的一条重要途径。

拍节奏是儿童节奏感入门训练中最常见也是最适合他们的方法。开始练习时，可以让孩子坐在大人的腿上，与大人面对面，大人边朗读儿歌，边持续而有规律地上下（或前后）摇动孩子的身体，使孩子感受持续稳定的律动。

进一步练习时，让孩子边朗读儿歌，边有节奏地进行拍手、拍腿、踏脚、依次传球、轻击打击乐器等动作；还可以根据儿歌的内容设计相关的肢体动作。

拍节奏练习不仅能使孩子动作协调、合拍、整齐，更能使他们的运动神经获得节奏感觉,这是形成节奏感不可忽视的条件。节奏感是以运动为基础的,在节奏性活动中逐步形成的。节奏感不是一朝一夕就能培养出来的,所以节奏感训练需要家长付出耐心,持之以恒。

• 节奏感与韵律感训练游戏

1. 我学你猜

让孩子留意身边有节奏的现象,训练孩子的节奏感与模仿能力。

游戏方法

(1)一个人学,一个人猜;
(2)猜的人背后贴出具体需要学的声音,如交通工具声、动物叫声;
(3)学的人根据对方背后的指示,有节奏地发出或拍出各种形象的声音。

小提示:

在模仿时,尽可能让孩子清楚地表现出各个音的长短与强弱。

2. 声音乐团

让孩子在保持自己节奏的同时,注意配合协调家长的节奏。通过这个游戏培养孩子的节奏感与协调能力。

游戏方法

爸爸、妈妈和孩子分别模仿一种节奏的声音,使这三种不同节奏的叫声同时进行。如以下三组练习:

(1)风雨大作;
(2)车来车往;
(3)鸡叫。

小提示:
可以互换角色,体验不同的节奏。

3. 跳沙坑

培养孩子对不同节奏运动的灵活转换与协调能力。

游戏方法

（1）跑（节奏长而弱）；
（2）踏板起跳（节奏短而强）；
（3）腾空（节奏长而强）；
（4）落地（节奏短而强）。

小提示：

跳沙坑之前，做预备热身运动，活动好脚腕。

（5）触觉

帅帅今年 8 岁，他长得瘦瘦的，看上去十分安静乖巧。可是他胆小怕黑，做事很慢，总是没有稳定的朋友。这让爸爸妈妈很着急，但他们也没有办法，不知道问题出在哪儿。后来，他们发现帅帅在和小朋友们玩时特别反感别人碰他，即便小朋友只是和他拉手，他都表现出厌恶的情绪，更别说拥抱之类的动作了。老师鼓励地轻拍他的肩膀，他也感到很不舒服。虽然他很喜欢和人交朋友，可是他连别人表示亲近友好的动作都不能接受，怎么能交到朋友呢？

触觉又称触压觉，是当我们的皮肤承受某种物体的压力或接触到某种物体时所获得的感觉经验。皮肤是人体的触觉器官，它具有正常的防御性反射反应能力。孩子通过皮肤认识自身和环境，从而对客观世界产生正确反应。如果孩子不能适应皮肤所接触的各种信息，那么在洗澡、换衣服、换床铺的时候，他就会出现情绪化、爱哭、睡不好觉等触觉防御不当的问题。

孩子触觉防御不当一般分为两种情况。一种是触觉反应过于敏感，往往表现为胆小、退缩，对陌生环境容易紧张等；另一种是触觉反应过于迟钝，这样的孩子对外界的变化和周遭的环境反应淡漠。这两种情况都会对孩子的学习能力产生影响，使他们在大脑中不容易形成对事物正确的认识，并对其作出应有的反应。

触觉防御不当的孩子一般有以下表现：

①对亲人特别暴躁，经常强词夺理。
②害怕到陌生的环境，在那里待不了多久就要求离开。
③不喜欢和别人谈话，不喜欢和别人玩碰触游戏，视洗澡和洗脸为痛苦之事。
④过分保护自己的东西，尤其讨厌别人由后面接近他。
⑤不喜欢视觉接触，常常用手来表达其需要。
⑥对危险和疼痛反应迟钝或过于激烈。
⑦听而不闻，表情冷静或无故嬉笑。
⑧过分安静或坚持奇怪玩法。
⑨害羞，不安，喜欢独处，不爱和别人玩。
⑩偏食，挑食，不吃青菜。

家长对孩子进行触觉训练时应注意：

①多爱抚孩子。情绪的稳定及人际关系的建立均有赖于安定的触觉系统，而爱抚正是促进触觉系统达到安定的有效方法。
②多让孩子在各种质地的空间内活动并接触周围的物品，注意安全和卫生即可。
③对触觉敏感的孩子，父母可以在他们洗脸、洗澡或睡觉前，用手或柔软的毛巾轻缓地触压或按摩孩子的手、脚或背部。
④对触觉迟钝的孩子，父母可用软毛刷刷孩子的手心、手臂及腿部，以唤醒其触觉；还可以给孩子玩触摸玩具，让他在

玩耍中不知不觉地增强触觉识别能力。

⑤对触觉过分依赖的孩子，父母处理时要谨慎。一般这种孩子通常有吮指或过度恋物等习惯。父母不要采用高压或恐吓的方式来纠正这些习惯，而应该先适度地满足孩子对触觉的需要，加强亲子间的关系，使孩子有安全感。在此前提下，再要求他们逐渐改掉这些习惯。

● 触觉训练游戏

1. 摸摸猜猜

这个游戏可以提高孩子的触觉辨别能力,促进孩子对物品质地的认识,帮助孩子练习轻触物体的动作。

游戏方法

(1)准备一块砂纸,一张报纸,一张普通的白纸,一块绸布;
(2)让孩子触摸这些东西,并比较这些东西的光滑度;
(3)蒙上孩子的双眼,给他其中一样东西,让他判断是什么。

小提示:
　　随着孩子回答正确率的提高,可以替换不同质地的物品。

2. 小小温度计

这个游戏可以发展孩子对不同水温的辨别能力,增强孩子对温度的敏感度和反应能力。

游戏方法

(1)准备 4 个玻璃杯;
(2)将热水、温水、凉水、冰水分别倒入杯中;
(3)给孩子示范小心触摸热杯子的方法和反应动作;
(4)用眼罩蒙上孩子的双眼,让孩子触摸不同温度的杯子;
(5)让孩子把不同温度的杯子按从冷到热的顺序排列;
(6)摘下眼罩,引导孩子仔细观察:盛冰水的杯子外壁上有小水滴,盛开水的杯子冒着白气。

小提示:
主要测试水温,注意安全防护。

3. 滚翻练习

这个游戏可以训练孩子的身体承压力,增强触觉感应。

游戏方法

(1) 让孩子在地板上蹲下,双脚并拢,双手撑垫做前滚翻;
(2) 让年龄大的孩子在能够顺利完成前滚翻的基础上练习后滚翻。

小提示:
　　一定要注意安全,家长要适时地帮助孩子。

（6）身体形象

孩子最初是没有自我意识的，直到七八个月至1岁，孩子能坐会爬可以走路了，并能够逐渐把自己与旁人区分开之后，他们的自我意识便开始觉醒了。

1~2岁的孩子知道了自己的名字，并能用它来称呼自己，能将自己与周围的人、事、物区别开来。

2~3岁时，孩子的大脑两半球生理发育趋于成熟，具备了感受自我存在的生理基础。由于感觉动作能力增强，这时候的孩子可以感觉到自己的身体是一个自然的整体，可以站、蹲、卧、躺、爬、跳，可以躲起来再跑出来。这些活动进一步增强了孩子的自我感觉，进而在他们的大脑中形成对自身身体的感觉"地图"。我们把它称为身体形象。

有了身体形象，随着年龄的增长，当孩子在进行活动时，他的大脑就能储存大量的信息。这些信息经过孩子大脑中枢神经系统的综合加工后，经由运动神经传出，引起肌肉、关节的活动，使人体对外界的刺激作出恰当的反应。这就是我们经常提到的"本体感"。

如果一个孩子在成长过程中没有形成良好的身体形象，那么他就容易在学习上出现一些问题，比如动作笨拙、坐没坐相、站没站相、对方向位置的判断能力差、写字姿势不当等。

身体形象不良的孩子一般有以下表现：

①左右不分，容易迷失方向。
②在某个领域表现优秀，在另外的领域可能遭遇困难。
③穿鞋或裤子时容易穿反。
④写字常颠倒，把"b"写成"d"。
⑤"左撇子"改用右手后，适应不佳。

家长对孩子进行身体形象训练时应注意：

"左撇子"现象启示我们，如果孩子左半身的活动频繁，就会促使其右脑发育，从而使右脑的功能得到有效的开发利用。因此，心理学家建议，应有意识地训练孩子均衡地使用两侧肢体运动，以全面发展大脑。

• 身体形象训练游戏

1. 手指运动

这类游戏可以促进孩子左右脑的发展,优化脑功能。

游戏方法

大脑皮层上用以控制手的区域非常大,因而手的活动对大脑两半球功能的开发利用有着极为重要的作用。

(1)夹积木:让孩子分别用左右手拿筷子夹积木摆出图案;
(2)拍皮球:在拍皮球时,让孩子左右手交替进行;
(3)捡火柴:让孩子分别用左右手把火柴一根一根地摆进火柴盒内;
(4)日常生活训练:分别用左右手扣扣子、系鞋带、使用工具等;
(5)弹琴:左右手并弹钢琴、电子琴等;
(6)打字:两手十指做好分工在键盘上打字,先易后难。

小提示:

两手并用,不可偏废。在孩子使用不常用的手出现困难时,家长可采用比赛、奖励等手段激发孩子的兴趣,让孩子保持耐心。对擅长使用左手的孩子可强化训练其右手,对擅长使用右手的孩子可强化训练其左手。

2. 腿部运动

这类游戏可以促进孩子大脑两个半球全面均衡发展，开发大脑潜能。

游戏方法

练习一些双脚并用的活动。如：

（1）跳皮筋：让孩子不仅用右脚跳，还要用左脚跳；
（2）踢毽子：让孩子用左右脚各踢 10 个，再两脚轮流踢 10 个；
（3）跳绳：让孩子左右脚轮流跳，而不是左右脚并跳。

小提示：

观察孩子双腿是否有力，力量会影响孩子的耐性。

3. 全身运动

这类游戏可以促进孩子大脑两个半球全面均衡发展，开发大脑潜能。

游戏方法

在体育锻炼中，有意识地强化非优势肢体。

（1）羽毛球：善用右手者用左手挥拍，善用左手者用右手挥拍，这样可以促进非优势肢体与全身活动的协调；

（2）乒乓球：善用右手者用左手挥拍，善用左手者用右手挥拍，这样可以促进非优势肢体与全身活动的协调；

（3）体操：广播体操是针对身体所有部位编排的运动方式，每天花10分钟带孩子做广播操，对孩子的身体和大脑发育都有促进作用。

小提示：

运动时注意孩子不要出现同手同脚，做操时动作到位。

（7）协调能力

强强是个看起来很壮实的男孩，但他的动作常常显得笨拙可笑，小朋友们经常嘲笑他。他在追赶别人时，常常还没有追到别人自己就摔倒了。现在强强已经9岁了，但仍然不会跳绳、骑童车和拍球，走路姿势歪歪扭扭，两肩一耸一耸的。他很爱运动，但动作却滑稽可笑；跳舞时肌肉紧张，大部分动作做不到位，有时还会出现同手同脚的现象。妈妈说他小时候没有学爬就直接学走、学跑、学跳。学会走路以后他经常摔跤，常常迈了前一步，很长时间后才迈下一步。

协调能力是指身体统合神经与肌肉系统后，产生正确、和谐、优雅的行为活动的能力。它是身体从事运动时与运动技巧有关的能力。几个同时进行的协调一致的活动在生理上越合理，做起来就越容易、越准确；协调活动同生理上所形成的协调性矛盾越大，就越难做到。

协调能力对孩子的心理发展有重要影响，与孩子的智力发展和个性形成也有很大关系。

为了加强身体的协调性，可以让孩子进行投球、拍球、接球等训练，这些运动需要身体各部分相互协调配合来进行。通过玩球游戏，孩子的身体会变得敏捷、灵巧，更能适应物体的变化。

这样的训练可以在同一时间充分调动孩子整个大脑细胞的兴奋度，促进孩子使用形象大脑和抽象大脑进行细微辨别，增强孩子的形象思维和抽象思维的联合活动能力，提高记忆力，降低心理疲劳程度。

协调能力差的孩子一般有以下表现：

①吃饭时常掉饭粒，控制不住口水。
②行动慢，做事没有效率。
③不喜欢翻跟头、打滚儿、爬高。
④上课时坐不住，不停地转换坐姿。
⑤听课不专心，总是东瞧西看。
⑥抄写时字迹潦草，不合比例。
⑦生活中笨手笨脚，走路磕磕碰碰。
⑧组织力不佳，经常弄乱东西，不喜欢整理自己的环境。
⑨穿脱衣服、扣纽扣、拉拉链、系鞋带等动作缓慢笨拙。

家长对孩子进行协调能力训练时应注意：

①克服肌肉不合理的紧张。肌肉不合理的紧张即"协调性紧张"，是肌肉在收缩后不能充分放松引起的。培养良好的调节肌肉张力的能力和彻底放松的能力是一项长期的工作，需多加练习。

②提高维持动态和静态稳定性的能力。生活中许多动作均要求在动态中仍要保持身体平衡，这种动态平衡的能力不仅可以在动作技能训练中获得，在各种静态平衡练习中也可提高。

③提高空间感和动作的空间准确性。空间感必须深入各专项活动中才能适应各专项活动的特殊性。

• 协调能力训练游戏

1. 套圈圈

这个游戏可以训练孩子的动作协调能力和空间定位能力。

游戏方法

（1）准备一个矿泉水瓶子或其他瓶子，若干塑料圈；
（2）让孩子从不同方向掷出塑料圈套住瓶子。

小提示：
注意孩子的动作协调程度和准确性。

2. 绕障碍跑

这个游戏可以训练孩子的感觉动作协调能力。

游戏方法

在空地上的不同方位摆几个瓶子作为障碍，让孩子绕过障碍变方向跑。

小提示：

观察孩子辨别障碍物和身体距离的能力。

3. 律动接力

这类游戏可以加强孩子控制身体和肌肉的能力,培养孩子的想象力和反应力,还可以培养孩子的节奏感。

游戏方法

在室内,让孩子听着音乐或父母的口令做动作。
(1)陆上游泳:趴在地板上,四肢、头部和腹部如游泳一样不停地摆动;
(2)原地赛跑:如赛跑一样前后摆动双臂,上半身晃动而双脚不动;
(3)小猫走路:蹑手蹑脚地像猫一样走路;
(4)袋鼠走路:挺着肚子呈微蹲状,一蹦一跳地学袋鼠走路。

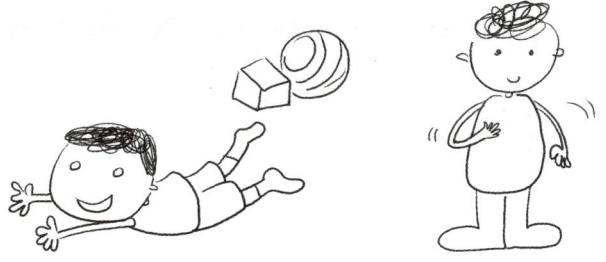

小提示:
亲子游戏,重在参与。亲子间可以交换角色,接力游戏。

视知觉能力

孩子在适当的距离内能看清事物而不会感到眼睛疲劳，以及在视力检查中没有视力模糊的现象，这是孩子的视觉器官——眼睛的生理条件，也就是我们平常所说的"视力"。然而视知觉能力和视力却是不同的概念，视知觉能力是指以视力为基础的使孩子能够对视野内的物体进行观察和辨别的能力。

视知觉能力包括以下几个方面：视觉敏感度、视觉辨别力、视觉记忆力、视动统合能力、视觉空间知觉能力、视觉专注力、视觉广度、视听协调能力。

（1）视觉敏感度

亮亮是一个聪明开朗的孩子，上小学三年级。老师反映亮亮学习很认真，成绩却一般。他喜欢听老师讲却不愿自己看书，每次老师留下自学的阅读作业他都不能很好地完成，不是没读完就是没读懂，上语文课也常注意力不集中；读课文常常串行，抄写时常把"处"写成"外"，而且姿势总是歪着，书本也放不正。

亮亮的父母也发现他不喜欢看书，总是看一会儿就说眼睛累了，妈妈看到他眼睛发红或流泪，怀疑是眼睛有问题，但医生检查完说他的眼睛是正常的。亮亮总是不能很快地找出相似图形的区别，有时把菱形看成了正方形，学习成绩也总上不去，父母很是焦急。

视觉敏感度通俗地说就是视力，是指从一定距离感知和辨别细小物体的能力。具有良好的视觉敏感度，孩子就能对视野内的物体进行正确的观察与辨别，就能够认识到光线的明暗、距离的远近、图像的正反，以及空间的关系，并配合语言功能产生正确的视觉概念。

视觉敏感度对于孩子的学习十分重要，它能提高孩子通过视觉接收信息的能力。一个孩子如果没有正常的视觉敏感度，当他进行抄写、阅读等学习任务时，就会力不从心。

视觉敏感度较弱的孩子一般有以下表现：

①不专心，坐不住，上课左顾右盼。
②看书或做作业时，总是趴着或歪着头，写字歪歪扭扭。
③在读书时经常会抱怨眼睛疲劳，无法长时间看书。
④在看书时觉得字迹模糊，或者字在跳动。
⑤看黑板或电脑屏幕时，眼睛容易酸胀、疲劳。
⑥读书比较吃力，容易跳行或串行。
⑦对图形的辨识能力差。

家长对孩子进行视觉敏感度训练时应注意：

视觉敏感度训练需要生理和心理的相互配合。儿童在适当的距离内能够观察事物，而不会感到视觉疲劳，以及在视力检查上没有明显的视觉模糊现象，以此为基础，可以判断儿童对视野内的物体有正确的观察与辨别的能力。

因此，了解空间的关系、图像的正倒、距离的远近、光线的明暗等概念，同时配合语言功能的锻炼，方能使孩子提高视觉敏感度。先天的遗传、发展关键期的训练及持续的保护都会影响视觉敏感度。

● 视觉敏感度训练游戏

1. 骨碌骨碌

这个游戏可以提高眼球的活动能力,保持眼肌的弹性,提高孩子的视觉敏锐度。

游戏方法
(1)孩子头部保持不动而眼球向各方向或沿眼眶转动,每天做2次;
(2)孩子竖起食指放在距离眼睛10厘米远的地方,眼睛紧紧盯住它,然后突然快速将手臂尽可能远地向前伸,眼睛要始终注视着竖起的食指,然后再把手收回到原来的位置,反复数次。

小提示:
每次练习三分钟即可,不可过度疲劳。

2. 多彩的汉字

这个游戏可以提高孩子对颜色的视觉感受力。

游戏方法

（1）准备一些纸卡，用不同颜色的笔在纸卡上写几个大小相同、笔画数接近的汉字；
（2）字的颜色顺序为：黑、红、绿、蓝、黄、紫、灰（逐步降低颜色的明度和饱和度）；
（3）把这些写好的纸卡放在孩子眼前45厘米处，让孩子仿写所看到的字。

小提示：
注意室内光线要充足。

3. 移动写字

这个游戏可以训练孩子收缩眼肌，促使孩子的眼肌朝精细调节的方向发展，从而提高视觉的差别感受力。

游戏方法

（1）在纸片上写一个孩子不认识的汉字；
（2）在孩子眼前由近到远地移动该纸片；
（3）让孩子在此过程中仿写这一汉字；
（4）短间隔练习，如练习3分钟休息3分钟，防止眼睛过度疲劳；
（5）随着练习的深入，汉字也应由简到难；
（6）最远距离不能超过5米。

小提示：
注意室内光线要充足。

（2）视觉辨别力

君君8岁，上三年级。老师经常反映他在上课时注意力不集中，小动作特别多。窗外的小鸟叫声、过往的脚步声、操场上同学们的欢笑声，都逃不过他的耳朵，但提问老师在课堂上讲的内容他却答不出来。平时和同学们做游戏，他经常是玩玩这个，玩玩那个，很难长时间专注地参加一个游戏。

回家做作业，他也总是拖拖拉拉，不能按时完成，字写得常常不是多一笔，就是少一画。

视觉辨别力是指孩子能够利用视觉来区别环境中的人、事、物的形象、形状或符号，如大小、远近、高矮、长短、胖瘦等的能力。

视觉辨别力是影响孩子学习的重要因素，它随着孩子年龄的增长而提高。这种能力的发展有着极大的个体差异性。

视觉辨别力与孩子从小所受的训练和教育环境有很大的关系，是孩子能够更好地进行阅读、书写等活动的重要条件。

视觉辨别力弱的孩子一般有以下表现：

①上课时注意力不集中，小动作多。

②对图形间的细微差别观察不出来，对颜色的辨识能力也比较差。

③在拼音、英语的学习上感觉吃力。

④书写时不能正确地抄写。
⑤阅读理解能力比较差。
⑥用蜡笔着色或用笔写字动作慢,常超出格子外。
⑦容易混淆背景中出现的特殊图形。

家长对孩子进行视觉辨别力训练时应注意:

研究表明,4~5岁是孩子图形知觉的敏感时期。实际上文字也是一种图形,只不过是一种特殊的图形,因而4岁以上可能是孩子识字的最佳年龄,不要强求孩子过早地识字和写字。

● 视觉辨别力训练游戏

1. 图形游戏

这个游戏可以帮助孩子加深对形状的认识,了解各种基本几何图形间的关系,培养孩子的视觉辨别能力。

游戏方法

(1) 家长用纸板剪出几种基本几何图形;
(2) 给出四个几何形状,其中一个与其他三个形状不同,让孩子指出不同之处;
(3) 让孩子辨别图形,并对图形进行组合,如让孩子用两个相同大小的等边三角形组合成一个正方形;用一个半圆形和一个三角形组合成一个扇形等。

小提示:
发展比较好的孩子可以利用组合完的图形进行想象,讲个故事。

2. 藏图游戏

这个游戏可以训练孩子的注意力并让他们养成仔细观察的习惯，还能培养孩子分析图形的能力。

游戏方法

（1）家长用纸板剪出几种基本几何图形；
（2）把两种图形重叠，然后要求孩子分别找出指定的图形；
（3）把两种以上的图形重叠，让孩子分别找出指定的图形。

小提示：
如果孩子找不出来，可返回到图形游戏继续练习。

3. 补图游戏

这类游戏可以训练孩子的视觉辨别能力,加强孩子的视觉记忆能力,培养孩子的视觉推理能力。

游戏方法

(1)图形补充

家长收集各种书籍、报纸、杂志中的某些图片,例如:动物、植物、日常用品等。将图片的一部分剪下,使其成为一个不完整的形象。让孩子说出图片所缺少的部分。

(2)汉字补充

让孩子在给出的汉字上加笔画,使之变成一个新的汉字。如:"大"字加上"小"字,就变成了"尖"。

小提示:

由图形补充逐渐过渡到汉字补充,不要急于求成。

（3）视觉记忆力

乐乐是个既活泼又聪明的男孩子，今年上四年级。妈妈发现，乐乐对所学过的生词，常常记不起怎么写，而且记忆的时候经常走神儿。安排他做两件事情，他经常会忘掉一件，记着做的事也总是拖拖拉拉。在学校，乐乐经常被老师叫起来站着听课，回到家里也必须在家长的陪同下才能完成作业。乐乐在抄写作业时速度很慢，常常是看一个字抄一个字，阅读课文时更是磕磕绊绊，学过的生字常常记不住，读不成句子。所有这些，最终都影响了乐乐的学习成绩。

视觉记忆力是指对来自视觉通道的信息的输入、编码、存储和提取，即个体对视觉经验的识记、保持和再现的能力。

比如孩子上周在公园看见一条狗，过几天你拿出这条狗的图片，他会立刻认出这条狗是上周他在公园里看见过的。这种能力被称为再认。如果更进一步，孩子能用语言把所看见的狗的形象描述出来或者用笔画出来，这就是再次产生这个形象的能力。

视觉记忆力对孩子的思维、理解都有极大的帮助。孩子的视觉记忆力不佳，会极大地影响他的学习效果。我们可以通过对信息进行复述、组织、比较等方法训练孩子的视觉记忆力。

心理学家认为，青少年的记忆力要比幼童强，主要的原因就在于青少年能利用理解、回忆、详述、想象等方式把零散的材料联系起来，使它们相互产生关系，再用各种形式重新组织材料，有效地使用视觉形象。

视觉记忆力不良的孩子一般有以下表现：

①看过的生词，总是记不住怎么写。
②不能顺利地阅读课文，读不了完整的句子。
③一次只能做一件事，如果同时做两件事，总会忘记一件。
④上课时精神不集中，特别容易分心。
⑤写作业时经常出现拼写错误。
⑥在书写时总是看一眼写一笔，或是看好几眼才能写一笔。
⑦在生活中经常记不住东西放在哪里，总是满屋翻遍了才能找到。

家长对孩子进行视觉记忆力训练时应注意：

①在对儿童的学习记忆训练中，趣味性是不可或缺的，因此无论在选材上，还是训练过程中都要坚持"快乐学习"的原则。表扬是巩固儿童记忆兴趣的有效方式。

②要坚持循序渐进的原则。由于儿童知识经验少，对问题的理解不深，所以选材一定要由易到难，不能急于求成。

③要以培养儿童正确的记忆方法和习惯为主要目标，不要过分强调是否背会了某篇文章。

④虽然记忆的连贯性很重要，但每次记忆训练的时间不可过长，最好不要超过20分钟。

● 视觉记忆力训练游戏

1. 什么不见了

这个游戏可以训练孩子的短时记忆能力。

游戏方法

（1）准备5~10件物品放在桌子上，让孩子用10秒钟记住这些东西，然后转身；

（2）家长拿走一样或两样东西后，让孩子转过身来观察什么东西不见了。

小提示：
　　在生活中找素材，从熟悉的物品开始。

2. 图形记忆

这个游戏可以训练孩子的视觉记忆力。

游戏方法

（1）在几张图片中挑出一张让孩子看 10 秒钟；
（2）把这张图片与其他图片混在一起，让孩子找出刚才看过的那一张；
（3）打乱图片的顺序，让孩子按之前的顺序将图片排好。

小提示：
　　图片从规则图形到不规则图形，再到组合图形，复杂程度逐步增加。

3. 纸牌记忆

这个游戏可以训练孩子的视觉记忆力以及视觉排序力。

游戏方法

（1）准备一副纸牌；
（2）每次给孩子看一张纸牌，然后迅速拿开，让孩子记住花色及数字；
（3）连续记几张纸牌后，将记过的纸牌混入其他纸牌中；
（4）让孩子找出刚才记忆过的纸牌，并按记忆先后顺序把纸牌排好。

小提示：

孩子的反应越快越好。

（4）视动统合能力

腾腾出生在一个生活比较富裕的家庭，父母非常宠爱他，这使他养成了一些很不好的习惯。他平时和别人说话都是一副满不在乎的样子，在学校里不遵守纪律，上课随便说话，注意力不集中。腾腾喜欢和同学们在一起玩，但常常不小心伤着别人。他在课堂上总是趴在课桌上，坐姿歪斜，还常搞小动作，影响其他同学听讲。他写作业时更是粗心，不是算错，就是抄错，数学作业经常忘记计算过程中的进位和退位，写的字歪歪扭扭，大小不一，抄写速度也很慢，成绩总是在六七十分上晃悠。

视动统合能力是指视觉与身体各部分的精细动作相互配合的能力。

我们知道视觉和动作总是密不可分的，在日常生活中我们常常需要运用这种能力，像夹菜、喝水、扣扣子、系鞋带等，而在学习上运用手眼协调能力的情况就更多了，如写字、画图、做手工、做实验等。

仿画、剪纸、走迷宫、抛接球、点连线、描字等活动都可以训练孩子的视动统合能力。

视动统合能力弱的孩子一般有以下表现：

①上课时精神不集中，特别容易分心。
②上课时动来动去，影响其他同学听课。

③上课时，总爱趴在课桌上，坐姿总是不正确。
④做数学计算题时，经常忘记计算过程中的进位和退位。
⑤写字歪歪扭扭，大小不一。
⑥抄写速度很慢，字迹潦草，经常把字写到格子或行线外。
⑦视觉与肢体的协调性差，容易被绊倒。
⑧对跑和跳等运动，反应比较迟钝。

家长对孩子进行视动统合能力训练时应注意：

对视动统合能力的培养要循序渐进，从最初的视觉追踪到直接与学习过程相关的书写、阅读等能力，是需要在了解孩子视动统合能力发展现状的基础上，逐步加以针对性的训练，这样才能真正帮助孩子提升基本学习能力，促进其智力的发展。

• 视动统合能力训练游戏

1. 一起玩皮球

这个游戏可以训练孩子的上肢力量和手眼协调能力,培养孩子的视觉专注力。

游戏方法

(1)家长与孩子每人手里拿一个皮球,一边拍,一边数数;
(2)放一个篮子,篮子周围约2米远处放一些球,让孩子捡起球向篮子跑去,在近处把球投进篮中;
(3)家长和孩子相隔1米左右抛接球。

小提示:
　　刚开始时用大一点儿的球,之后改用小球,逐渐加大难度。

2. 踢毽子

这个游戏可以训练孩子的下肢力量和视觉协调能力。

游戏方法

（1）用一根绳子拴住毽子，用手抓住绳子，同时有节奏地踢毽子；
（2）熟练后，可剪掉绳子，直接踢毽子；
（3）能连续踢毽子后，可以增加难度，如双脚交替踢、双人配合踢等。

小提示：
踢毽子时要注意孩子视觉和下肢动作的协调，准确率高为好。

3. 弹玻璃珠

这个游戏可以训练孩子的视动协调能力。

游戏方法

（1）准备十多个玻璃珠，在1平方米的平地范围内将其散开；
（2）让孩子弹玻璃珠，使被弹的玻璃珠与其他玻璃珠碰撞；
（3）逐渐加大弹玻璃珠的距离。

小提示：

弹玻璃珠是许多家长小时候也经常玩的游戏，可以借此向孩子介绍一下当年的玻璃珠游戏还有哪些玩法，提升亲子亲密度。

（5）视觉空间知觉能力

"凡凡，看你写的是什么啊？"妈妈手里拿着女儿的作业本，惊讶地望着女儿，等着女儿的回答。

"1，2，3，4，5呀！"凡凡也用惊讶的目光望着妈妈。

可作业本上写的却是"5，4，3，2，1"。妈妈让凡凡又写了几遍，可依然如此。妈妈不禁恼火，让凡凡认真地照着书又写了一遍，结果还是一样。这让凡凡妈妈非常不安。女儿刚上学，就遇到这样的问题，这是什么原因造成的？这种情况还会延续多久？凡凡妈妈困惑极了。

视觉空间知觉能力是指能准确掌握及表现视觉空间的能力。

物体具有形状、大小、远近、方位等空间特性，而空间知觉就是物体的空间特性在人脑中的反应。空间知觉包括形状知觉、大小知觉、距离知觉、立体知觉、方位知觉等。

视觉空间知觉能力并不是先天就有的，而是通过后天的学习获得的。

视觉空间知觉能力对孩子书写、理解数字概念、进行数字计算，以及处理比较复杂的学习问题有着非常重大的意义。

视觉空间知觉能力发展不佳的孩子往往会出现写字左右颠倒、间架结构处理混乱、不易理解数量关系等问题，难以形成良好的推理能力。

视觉空间知觉能力可以通过让孩子辨别物体、触摸与视觉相结合，以及运动与视觉相结合的方式来训练。只有在多感官的协调活动中才能让孩子学会更准确地感知物体的各种特性。

视觉空间知觉能力发展不足的孩子一般有以下表现：

①写字时偏旁经常张冠李戴、左右颠倒。

②写字时笔画顺序颠倒，书写不正确。

③阅读常跳字，抄写常漏字、漏行。

④对形状辨认有困难。

⑤画不好图画。

⑥经常看不全老师在黑板上书写的内容。

⑦日常生活中，外出时经常会迷失方向。

⑧阅读有困难，在下一句或下一页书中认不出前面出现过的字。

家长对孩子进行视觉空间知觉能力训练时应注意：

13～14岁是儿童空间想象能力发展的加速期和关键期。儿童想象力的发展具有从无意到有意，从再造到创造的发展趋势。从想象的数量看，随着年龄的增长，儿童想象事物的细节越来越完备；从想象的质量看，儿童对事物的结构安排越来越合乎逻辑。

• 视觉空间知觉能力训练游戏

1. 指方向

这个游戏可以训练孩子使用方位词的能力,促使孩子的方位感向方位概念转化。

游戏方法

(1)让孩子使用方位词与父母沟通,如杯子在台灯的左边;
(2)让孩子用方位词给父母指出去公园的路线。

小提示:
　　尽量不要说这里、那边、旁边等词。

2. 小小建筑师

这个游戏可以训练孩子的视觉空间能力和手眼协调能力。

游戏方法

（1）家长在纸上画一个非常简单的小房子设计图，让孩子照着设计图用积木将其搭出来；
（2）难度循序渐进，从小房子开始逐渐到比较复杂的建筑。

小提示：
　　尽量让孩子自己看着图纸独立完成。

3. 记忆中的风景

这个游戏可以训练孩子的空间能力、记忆能力和表达能力。

游戏方法

（1）让孩子仔细观察一幅画；
（2）拿走画，并要求孩子根据记忆画出这幅画；
（3）让孩子对画中的空间位置进行比对。

小提示：
　　仿画的对象由易到难。

（6）视觉专注力

"小铭，你怎么又不看黑板！"

老师的耐心提醒，终于变成了愤怒的批评。四年级的学生还需要让老师像提醒一年级的学生一样提醒他注意看黑板，老师觉得这是不可原谅的。家长对此也无计可施。小铭在家写作业时，爸爸、妈妈要轮流监督，不然他就会东张西望，眼睛总不在书本上，少量的作业也要写到很晚。老师和家长的提示与监督，作用也不大。小铭怎么就这么"皮"呢？

<u>视觉专注力其实是指视觉选择性注意的能力。</u>

我们透过眼、耳、鼻等器官能够捕捉各种讯息，但是要将所有的信息都加以注意、处理，显然是不可能的。为了获得对自己重要的信息，我们就会进行有选择性的注意。视觉选择性注意的能力可以通过注视、眼球追踪等方式来提高。

视觉专注力差的孩子一般有以下表现：

①做作业不专心，总是做一会儿玩一会儿。
②写作业速度慢，时间拖得很长。
③看书坚持的时间不长，不一会儿又去玩别的了。
④上课时精神总是不集中，老是东张西望。
⑤上课时不看着老师，总爱做些小动作，或与别的同学讲话。

家长对孩子进行视觉专注力训练时应注意：

①提供安静的环境。注意力不集中的儿童很容易被无关的刺激吸引走注意力，有时隔壁一声电话铃响也能让他分神半天。因此在培养儿童注意力的时候，先尽量减少无关刺激的干扰，随着他集中注意力能力的增强，逐步增加外部环境的干扰，最终使他适应而不再为此分心。在儿童做功课时，要避免出现电视的嘈杂声、家人的喧哗声，书桌上不要放置玩具、零食等。

②交代任务要明确具体。这个原则不仅适用于注意力的培养，也适用于儿童教育训练中的方方面面。因为模糊不清的目标会使儿童不知从何下手，或者在实施过程中误入歧途而产生挫折感，这对儿童的能力培养及心理都会产生不利影响。所以在交代一个学习任务时，家长要把目标解释清楚，例如把孩子叫到跟前，让他看着你的眼睛一对一地交代，让他集中注意力听，并且再重复一遍你交代的内容，以免有所遗漏。

③活动的设计应由简到繁，循序渐进。先交给孩子简单的任务，鼓励他集中注意力完成，尔后及时表扬，再分配较复杂的任务。久而久之，孩子克服注意力不集中的信心会逐步增强，自我控制能力也会越来越强。

④选择孩子感兴趣的入手点。兴趣是最好的老师。在孩子感兴趣的活动中，家长要组织好语言鼓励儿童保持下去，然后再让儿童去接触类似的事情，并逐渐扩展到一些他以前不愿意做的事情上。这种引导方式不易使儿童产生抵抗情绪。

● 视觉专注力训练游戏

1. 抛接球

这个游戏可以训练孩子的视觉注意力。

游戏方法

家长和孩子间隔1米至1.5米互相接抛球。

小提示：

连续抛接，中间不停，计算接球准确率，准确率越高越好。

2. 数字变位

这个游戏可以训练孩子的视觉专注力，培养孩子的视觉记忆力。

游戏方法

（1）在纸板上按顺序贴出数字1~10，让孩子观察并认识这些数字；
（2）让孩子转过身去，把个别数字交换位置或者取走，再让他转过身来，说出哪个数字变了位或者已被取走。

小提示：
　　孩子的反应速度越快越好。

3. 舒尔特方格

这个游戏可以训练孩子的视觉专注力和辨别力。

游戏方法

（1）在一张有 25 个小方格的表中，将数字 1~25 打乱顺序填在表中；
（2）请孩子以最快的速度从 1 数到 25，边读边指出数字的位置。

小提示：
　　学前孩子要多解释几次才能理解规则，一般来说，7~8 岁孩子按顺序找出每张图表上的数字的时间大概在 50 秒左右。

（7）视觉广度

阳阳今年 8 岁，上小学三年级。他虽然聪明，却很马虎，数学考试也经常因为丢三落四考不及格。妈妈一直认为男孩子嘛，都比较粗心，长大了就会好。

可最近老师发现阳阳抄写也特别慢，特别是抄写生字，总做不到看一眼就把字写完整，抄算式不是丢数字就是写错符号。他做家庭作业也常漏题，或者干脆把半道题当成一道，而且读书常跳字。老师经常提醒，让他认真看、认真做，可他总是改不了。老师非常生气，认为阳阳是在偷懒，阳阳一脸委屈。

视觉广度是指眼睛在注意力集中的状态下所看到的空间范围，也可以说是接收信息的广度。一般来说，视觉广度正常的人，他的阅读和书写速度不会很慢。反之，一个孩子如果视觉广度窄，那他的读写效率就有可能受到影响。

视觉广度差的孩子一般有以下表现：

①抄写速度特别慢。
②阅读经常跳字、串行。
③观察事物往往只看到局部，看不到整体。
④阅读速度慢，不能把握全部的内容。
⑤在书写中，总做不到看一眼就把字写完整。
⑥做作业经常丢三落四，不是忘了符号就是少写数字。

⑦生活中经常发生磕碰，常被身边或脚下的东西绊倒。

家长对孩子进行视觉广度训练时应注意：

孩子的视觉广度有很大的挖掘潜力，具有一定的后天可塑性，孩子经过一定的训练，视觉范围可大大开阔。

• 视觉广度训练游戏

1. 火眼金睛

这个游戏可以增强眼球的活动性,开阔孩子的视野。

游戏方法

(1)家长用一根细绳拴住一个小彩球,在孩子眼前上下左右晃动它,让孩子头不动只目光随小球动;

(2)让孩子按一定方向(从左到右、从上到下、顺/逆时针)转头,并说出在转头过程中看到的物体;

(3)按不同方向转头,并比较所看到的物体数量的多少。

小提示:

小球晃动速度由慢到快,越快越好。

2. 闪烁图片

这个游戏可以让孩子扩大中心视野,训练视觉广度。

游戏方法

(1)在孩子眼前约 30 厘米处快速呈现一幅图片;
(2)图片呈现的时间应小于 3 秒;
(3)呈现完毕后要求孩子说出看到了什么。

小提示:
　　图片的内容应由日常熟悉的事物逐渐过渡到孩子不太熟悉的事物。

3. 余光扫一扫

这个游戏可以训练孩子的边缘视野，扩大孩子的视觉感受范围，提高其感受程度，对增强视觉观察的完整性和准确性也大有帮助。

游戏方法

（1）在孩子眼前约 30 厘米处快速呈现一幅内容丰富的图片（图片中的元素要大于 4 个）；

（2）让孩子保持固定的目光聚焦，凝视正前方的图片，再用眼睛观望图片四周，但不能转动头部，而是要用眼睛的余光去看；

（3）拿走图片，让孩子说出看到了什么。

小提示：

图片呈现时间不超过 3 秒钟。

（8）视听协调能力

小宇是个聪明的男孩，虽然才上小学二年级，却有着连大人们都佩服的理解力和表达能力。只要是他听过的故事，他都能记得牢牢的，还能绘声绘色地讲给别人听。和大人们在一起聊天，他往往一聊就是两个小时，还常常"语出惊人"，给人留下深刻的印象。

可小宇一碰到课文、书本，就表现出极大的反差：一篇简单的文章他总是磕磕绊绊地读不连贯，妈妈给他买的书他也吵着读不懂。但只要妈妈给他读一遍书中的故事，他就能复述出主要内容，并说出其中蕴含的道理。

家里人觉得很奇怪，以为是他的眼睛出了问题，可是医院的检查结果证明他的视力是正常的。这到底是怎么回事呢？

其实在很多学习活动中，视、听是无法分割的，诸如阅读、唱歌、舞蹈等活动均需要视听的良好协调运作方能实现。所以说视听协调能力也是一种感觉统合能力。

视听协调能力弱的孩子一般有以下表现：

①说起话来头头是道，可是看书却看不明白。
②读书结结巴巴，总是读不连贯。
③听指令做动作，反应比较迟钝，总是做不好，或漏掉几个动作。

④听写困难，老师说十个词，他只能写出三四个。

⑤看着聪明伶俐，但阅读文章或做算术题都非常困难。

家长对孩子进行视听协调能力训练时应注意：

视听协调的训练对于孩子的学习非常有益，因为学习过程需要视听觉的协调配合，这样孩子的学习才有成效。在训练过程中，家长要重点观察孩子反应的准确度。

• 视听协调能力训练游戏

1. 跳格子

这个游戏可以训练孩子的视听统合能力、反应速度和下肢肌力。

游戏方法

（1）在地上画上田字格，孩子站在田字格的中心；
（2）家长指示"向左上跳""向右下跳"等，孩子做相应的动作。

小提示：
孩子的反应速度越快越好，准确性越高越好。

2. 你读我找

这个游戏可以训练孩子的视听统合能力和快速阅读能力。

游戏方法

（1）找一篇适合孩子阅读的文章；
（2）家长念字，孩子找出相应的字；
（3）家长读前半句，让孩子找出这句话并读出后半句。

小提示：
　　学前孩子完成本项目有难度。

3. 你读我画

这个游戏可以训练孩子的视听统合能力和表达能力。

游戏方法

(1) 给孩子读一个完整的小故事;
(2) 让孩子把听到的内容用几幅图画表示出来;
(3) 让孩子根据自己画的图讲故事。

小提示:
必要时可以提醒孩子故事的顺序。

听知觉能力

听知觉能力的好坏是孩子上课能否有效听讲的基础。我们试想一下，如果一个孩子上课时不能长时间注意听讲，记不清老师布置的任务或者无法理解老师所讲的内容，他又怎么能够做到有效学习呢？因此可以说，听知觉通道的顺畅与否，与孩子的学习成效有极其密切的关系。

有研究表明，听知觉能力的落后是孩子出现语文学习障碍的主要原因。曾经有专家做过统计，学生上课时有一半时间是在听老师讲课，所以孩子在听知觉能力上的问题会直接影响到孩子的听课效果。

通常，听知觉能力可以分为以下几个方面：听觉专注力、听觉辨别力、听觉记忆力、听觉排序力、听觉理解力、听说统合能力、听觉记忆广度、听动协调能力。

（1）听觉专注力

文文是个文静内向的四年级男孩。他平时不太爱和同学接触，而且不敢大声说话。上课时他从不主动举手发言，老师让他回答问题，他也答不上来。他常常是认真听课的样子，可不知为什么，听着听着，脑子就想别的事情去了。老师也说他"人是来上课了，可耳朵却没带来"。由于注意力不集中，老师讲课的内容他听得颠三倒四的，记住的很少，做起作业来吃力得很，经常做到晚上十一二点钟才能完成，这样一来又影响了第二天上课的精力。恶性循环的结果是，文文的考试成绩总是六七十分。提起这件事，文文觉得非常委屈，他说："我也想好好学习好好听课，可是不知道为什么会这样。"

听觉专注力也就是我们通常所说的听觉注意力，它是指人在精神集中的状态下用听觉获取信息的能力。它是孩子记忆力的基础，因为只有"注意"到才能"记忆"住。有的孩子可以长时间坐在一个地方专心致志地看书，可是到了课堂上却容易走神儿、做小动作；有的孩子根本记不全老师说的话，一边听一边想别的事情。这些问题就是由于孩子的听觉专注力不足引起的。

我们可以通过一些行为训练和听觉器官的训练来帮助孩子改善听觉专注力差的问题。

听觉专注力差的孩子一般有以下表现：

①上课时听不了几句话就开始走神儿、做小动作。

②看上去好像很认真地听讲，但是眼神却有些呆滞，其实是一边听一边想别的事情。

③经常听而不闻，好像没带耳朵一样。
④写作业时，一听到咳嗽、走路等声音便转移注意力。
⑤缺乏纪律性。
⑥别人对他说话，他就好像没听见一样。
⑦上课、写作业时很容易分心。

家长对孩子的听觉专注力训练应注意：

听觉专注力并不是独立存在的，而是始终伴随着各种心理活动而存在的，离开"听"的内容，听觉专注力就不能独立存在。所以培养孩子的听觉专注力时，不能单调地让孩子安静地坐在椅子上，而是要配合各种有意义的活动。

• 听觉专注力训练游戏

1. 高个子矮个子

这个游戏可以训练孩子的听觉专注力。

游戏方法

（1）家长喊"高个子""矮个子"时，孩子要做相应的动作；
（2）喊"高个子"时，两手上举，踮脚站立；喊"矮个子"时，两腿半蹲，两手扶膝；
（3）家长也可以加入新的内容，比如拍肩、跺脚等动作。

小提示：
　　为增加游戏的趣味性，家长可与孩子比赛，看谁的反应快。

2. 相反动作

这个游戏可以提高孩子的听觉专注力和听觉记忆力。

游戏方法

（1）让孩子所做的动作与家长所说的口令相反。比如：（口令）立正——（动作）稍息，（口令）向前一步走——（动作）向后一步走，（口令）蹲下——（动作）跳起，（口令）跺脚——（动作）拍手；
（2）凡动作与口令相同、下达命令2秒内未做出动作的，记失败一次。

小提示：

这类游戏有难度，家长的参与能够增强游戏的趣味性，可使孩子更加主动地训练。

3. 拍拍手

这个游戏可以提高孩子的听觉专注力和反应速度。

游戏方法

（1）与孩子面对面坐好，家长随机说几组数字，每组数字要包含"2"和"9"，请孩子在听到数字"2"时拍一下手，听到数字"9"时拍两下手；

（2）与孩子面对面坐好，家长随机说几组句子，句子要包含人物和动物，请孩子在听到动物时拍一下手，听到人物时拍两下手。

小提示：
家长可以逐步提高难度，提升孩子主动挑战的兴趣。

（2）听觉辨别力

小麦是四年级的学生，他聪明活泼，喜欢打球、跑步、游泳。他平时习惯很好，做作业的时候也很认真，就是学习成绩一般。不管家长怎样督促他，他的学习也不见进步。

他现在还越来越马虎，老师口头布置的作业，他经常做得丢三落四，不是忘了数学作业就是落下了语文作业，或者老师明明要求做七道题他却只完成了一道题。问他是怎么回事，他不是说听不清就是说没听到，这可把爸爸妈妈给急坏了。

老师反映小麦上课也常常走神儿，或者无精打采，只得变着各种花样提醒他注意。连同学都说平时和小麦说话，他都像没怎么听一样，总拿别人的话当耳旁风。小麦为此也十分烦恼。

听觉辨别力是指靠听觉接受和分辨各种声音刺激的能力。通常孩子比较容易分辨那些声音或语音区别较大的听觉刺激，如果声音比较接近，孩子辨别起来的难度就会相对增加。

如果孩子的听觉分辨力差，而又没有其他的生理原因，那么这往往会导致他出现发音不清、容易听错别人的话、对外界声音反应迟钝、对嘈杂环境中的声音分辨困难、缺乏倾听的习惯等现象。在实际的学习生活中，听觉分辨能力对孩子的语言学习（语文、外语等科目）有较大影响。

孩子的听觉分辨力可以通过分辨声音的高低、大小、音色，以及判别声源、辨听相似的发音等训练来增强。

听觉辨别力差的孩子一般有以下表现:

①在学习多音字时比较困难。
②在唱歌时音调总是不准。
③对高音、低音的区分不太敏感。
④对周遭嘈杂的声音环境很难适应。
⑤发音器官发育完全正常,但是发音不准。
⑥听力完全正常,却听不清或记错老师留的作业。
⑦对声音反应迟钝,很难分清环境中的不同声音。

家长对孩子进行听觉辨别力训练时应注意:

训练孩子的听觉辨别力方法比较简单,家长和孩子都比较容易完成。在训练的过程中,家长只要掌握从简单到复杂、从相差甚远到相似程度接近的原则即可。

• 听觉辨别力训练游戏

1. 声调绕口令

这个游戏可以提高孩子对声调的敏感度和辨别力，提高发音能力。

游戏方法

（1）让孩子做分辨声调的练习，注意听其中是否有误，尤其注意其中阳平和上声是否混淆，如"麻—马""梨—李""同—桶"等；

（2）将四个声调任意排列组合，如"应—硬—影—迎"，让孩子重复，听其发音是否正确；

（3）把声调相近的字放到句子中去，让孩子重复，听其发音是否准确，例如"仔细洗手是好习惯""把爸爸八颗牙都拔掉了"。

小提示：

　　家长所选的字要符合孩子的接受水平，当孩子有进步时，一定要给予表扬和鼓励，增强孩子的自信心。

2. 顺风耳

这个游戏可以提高孩子对声音空间方向的分辨力，以及对声音的空间敏感性和反应速度。

游戏方法

（1）让孩子闭上双眼，深呼吸，静坐；
（2）家长分别从孩子的上、下、左、右、前、后等方向发出声音（如铃声、哨声、拍手声等），让孩子判断声音来源于哪个方向；
（3）如果孩子回答错了，家长可将声音加大，并重复发音，直至孩子判断正确。

小提示：

适时地休息，以免孩子产生听觉疲劳。

3. 看谁反应快

这个游戏可以训练孩子的听觉专注力和听觉辨别力,以及对听指令作出迅速反应的能力。

游戏方法
(1)家长找一些报纸,将报纸裁成只能站一人的大小;
(2)在白纸上写一些孩子容易混淆的发音相近的字,将其粘到报纸上,例如"林、领、银、影"这4个字的发音平时容易混淆,将粘有这4个字的报纸在地上依次摆开;
(3)一人敲打鼓点,一人根据鼓点顺时针转圈点字,鼓声结束时,停在哪个字上就要立刻将那个字准确地念出来;
(4)没念出来的人打鼓点,换人读字。

小提示:
　　从发音最不相似的字入手,逐渐过渡到发音最接近的字,反应越快越好。

（3）听觉记忆力

思思智力正常，学习成绩却不好。其实他是个积极好学的孩子，做事很认真，就是记东西太慢。读一组陌生的数字他往往需要大声说几次才能记住，过不了多久又会把这些数字记得模糊不清、顺序颠倒了；回忆东西也太慢，刚刚说过的数字号码他要回忆两分钟才能结结巴巴地回答出来。因此他上课听讲的效果很差，有时候老师刚刚说过的话，他就忘了。为了提高成绩，他坚持做笔记，可是效果仍然不好。甚至连老师布置了什么家庭作业他也记不住，经常是刚回到家，就打电话问同学今天要做什么作业。经过测评发现，8岁的思思听觉记忆力只相当于5~6岁的儿童。

听觉记忆力是指人在注意倾听的基础上，保持和回忆一般听觉信息的能力。

听觉记忆力的好坏直接影响孩子的学习质量。孩子听觉记忆力不好，就很难把学过的知识和现有的知识结合起来，从而影响对新知识的理解。

我们经常会在学校或幼儿园中看见某些孩子记不全老师的讲课内容，不能复述发生过的事情，学新知识反应慢，需要反复几遍才能理解，甚至常常忘记老师刚发出的指令。他们往往被责备为"不专心、不认真"，这使得很多孩子满腹委屈。

训练听觉记忆力，可以选择一些孩子感兴趣的不同长度和难度的语句，让孩子复述；也可以采用延时记忆的方法，让孩子把昨天讲过的故事再重说一遍。传统的背诵圆周率的方法也是训练孩子听觉记忆力的一种途径。

听觉记忆力差的孩子一般有以下表现：

①很容易忘记家长或老师交代的事情。
②记不住长句子，在听完故事后不能复述。
③不能完整地转达别人留的口讯。
④口头表达比较迟缓。
⑤在听写或复述句子、课文时容易出错。
⑥课上似乎"没带耳朵"，对老师讲授的内容全不记得。
⑦复述事情时颠三倒四，逻辑不清。
⑧对所学的东西忘得很快。
⑨不能将新旧知识进行对比。

家长对孩子进行听觉记忆力训练时应注意：

听觉记忆力是孩子学习的重要组成部分。在培养孩子听觉记忆力的过程中，要让孩子从单纯依靠反复识记逐渐过渡到从意义上、逻辑上掌握记忆的材料。

● 听觉记忆力训练游戏

1. 数字倒背如流

这个游戏可以增强孩子的听觉记忆力。

游戏方法

（1）家长随机地选一些数字，然后对孩子说："现在我们听一组数字，我念完之后你把它们倒着背出来，例如我说'1，2，3'，你要说'3，2，1'。"
（2）家长要用一秒一个数字的速度念数字，注意不用一下念太多数字，可以从三个数字开始，逐渐增加。
（3）孩子倒背的时候，注意不要用手或笔来协助。

小提示：
　　孩子倒背正确，家长应及时给予表扬，如果孩子多次无法通过就降低难度或终止游戏。

2. 短句倒背如流

这个游戏可以训练孩子的听觉长时记忆力。

游戏方法

（1）家长要根据孩子的年龄特点，选择一些不同长度的句子作为倒述句子的训练材料；

（2）家长明确向孩子提出要求："现在我们要听一句话，你仔细听并把它记住，然后将听到的句子从后往前一个字一个字地倒着说出来。"例如将"月亮像小船"倒述为"船小像亮月"。

小提示：

家长念句子应吐字清晰，速度适中，从简短的句子开始。

3. 联想一对一

这个游戏可以训练孩子的听觉长时记忆力。

游戏方法

（1）家长给出一些配对的词，如太阳—月亮、站着—躺下、水稻—米饭、操场—足球；
（2）家长念完后任选一对词中的一个，让孩子说出另一个。如说"操场"，孩子答"足球"；
（3）家长及时询问孩子："你是如何记住的？"通过总结告诉孩子词与词之间的联系，并应用这种联系进行联想式记忆。

小提示：
　　一次呈现的配对词数量不应太多。孩子取得进步后家长要及时鼓励。

（4）听觉排序力

宁宁是个胖乎乎的小男孩，一副憨厚朴实的样子，做事认真，懂礼貌，非常讨人喜欢。他喜欢和别人聊天，喜欢给小朋友讲故事。不论是聊天还是给别人讲故事，他总是滔滔不绝。可他就是有一个令人非常头疼的毛病：说起话来语无伦次、啰啰唆唆。所以大家听完他的故事常常搞不清楚他到底在说什么。

宁宁上课可认真了，但是效果一直不好。简单的知识还能接受，内容稍一复杂，他就不知道主次了，经常满脑袋糨糊地问为什么。老师和爸爸妈妈不得不每天给他补习很长时间。"一件事要说几遍他才能理解，真是急坏人了。"宁宁的爸爸妈妈说。

听觉排序力是指能将过去由听觉所获得的信息以准确而详细的顺序回忆出来，并加以组织，使其变得有意义的能力。

听觉排序力比听觉记忆力的要求要高，需要孩子大脑神经功能的良好配合，可以说这是一种更为复杂的心理活动。它不仅要求孩子记住所听到的信息内容，而且要弄清楚该信息的次序、条理，因此它对孩子的学习具有更深一层的意义，对孩子将所学知识融会贯通具有重要的作用。

我们经常会碰到这样一些孩子，他们在复述听过的故事或讲课内容时，讲得支离破碎，顺序颠倒，在表达时不会用序词组织语言。

听觉排序力的训练可以从提高孩子的听觉记忆力开始，让孩子逐步认识到他听到的内容或事件是有先后顺序的。然后让孩子学会使用一些排序的手段，比如按数字排列或者使用"首先、然后、再……"之类的词汇。

听觉排序力差的孩子一般有以下表现：

①说话时缺乏条理、组织力差。
②说话时句型把握不恰当。
③叙述一件事情时常常前言不搭后语，逻辑性不强。
④阅读时常常丢失一些重要的情节。
⑤记忆某些事情或知识点时容易丢三落四。
⑥解答口算题或序列题时感到困难。
⑦写作文时总是不知如何下笔。
⑧不能很好地理解、遵从游戏规则。

家长对孩子进行听觉排序力训练时应注意：

在记忆的基础上，促使孩子有系统、有顺序地将材料保留下来，这是能力训练需要把握的原则。

● 听觉排序力训练游戏

1. 小小音乐家

这个游戏可以训练孩子记忆简单的节奏韵律。

游戏方法

（1）家长敲击简单的节奏，让孩子重复打击出来；
（2）节拍可用手或其他能发出声音的物品击打出来。可以让孩子重复以下有规律的节拍：咚、咚咚、咚咚咚。

小提示：
　　对节奏感的训练既是动作训练，又是一项很好的排序练习，家长需要不断变化节奏来增加趣味性和难度。

2. 漏数数

这个游戏可以训练孩子的听觉专注力、记忆力及听觉排序力。

游戏方法

（1）家长从 1 数到 10，中间会随机漏数一个数，让孩子找出是哪个数；
（2）接着家长从 1 数到 20 漏 2 个数，从 1 数到 30 漏 3 个数，依此类推。

小提示：
　　家长不要一上来就给孩子设定太高的目标，以免孩子因紧张而不敢尝试。

3. 编故事

这个游戏可以训练孩子的听觉专注力和按照故事原有的顺序进行排列的能力。

游戏方法

(1) 家长可以找一些小短文读给孩子听；
(2) 要求孩子给出几个对文章的发展顺序具有概括性的句子；
(3) 请孩子对这些句子进行排列；
(4) 家长也可以打乱这些句子的次序，让孩子重新排序。

小提示：

文章的选择要从情节性比较强的逐渐过渡到富有内在条理性的。

编故事范例一：

黄昏时，孩子们在野地中间支起了帐篷，然后架起炉子煮饭。吃过香喷喷的晚饭后，他们在火堆旁讲故事、唱歌。过了一会儿，天下起了雨，孩子们也累了，他们扑灭火堆，爬进帐篷，钻进暖和舒适的睡袋，一会儿就甜甜地睡着了。半夜时分，两个孩子醒了，喊了起来，原来帐篷里灌满了水。孩子们都醒了，爬出睡袋，跑出帐篷。雨下得大极了，成股的雨水在田野中流淌着，帐篷在水上漂浮着……

A. 孩子们在火堆旁唱歌、讲故事。

B. 孩子们吃饭。

C. 开始下雨了。

D. 孩子们睡着了。（答案为 BADC）

编故事范例二：

今天是星期六。吃过午饭后，爸爸妈妈都加班去了，家里只有我一个人。为了让妈妈大吃一惊，我想做一些妈妈喜欢吃的馅饼。于是我开始和面，手上粘满了面糊。突然电话响了，我跑出厨房，用两只黏糊糊的手指拿起电话。当我接完电话一看，电话上、门把手上都是面糊，糟糕透了。我刚刚回到厨房，门铃又响了，原来是邮递员让我签名取挂号信。

A. 我忙着和面。

B. 爸爸妈妈加班去了。

C. 邮递员送信来了。
D. 有人打电话来了。（答案为 BADC）

（5）听觉理解力

京京是个四年级的学生，学习成绩在班上总是靠后，同学们都说他笨。老师观察京京后得出这样的结论：他的听觉理解能力需要加强。京京虽然表面上也跟大家一样安静地听课，可对老师所讲的内容不能正确理解或跟不上老师讲的速度，所以他无法有效地组织思考，无法形成抽象的概念，对理解抽象的概念有一定的困难，对老师讲的内容感到枯燥无味，没有兴趣，常常发呆，东张西望，答非所问，而对于课堂上老师讲课之外的东西过于敏感，思路时常被打断。

听觉理解力是指依靠听觉来分辨、了解信息的能力。它是一种听觉的综合能力。

听觉理解力受听觉记忆力的影响，同时也受孩子智力水平的制约。听觉理解能力差的孩子在与别人对话时常常答非所问；上课听不懂老师的讲课内容；仅凭自己的想象来理解句子的含义；在学习上缺乏评述和概括的能力。

孩子听觉理解力的训练应该从小开始。家长可以在日常生活中利用与孩子交流的机会，多让孩子听故事、阅读文章、回答问题，扩充孩子的词汇量。当孩子对某些抽象的词汇不是很明白时，可以配上动作或者画面让孩子理解清楚。在练习的过程中要注意让孩子养成良好的倾听习惯。适合的语境可以帮助孩子进行良好的理解和反应。

听觉理解力差的孩子一般有以下表现：

①记得快、忘得快。
②写作业常常因为不会而速度慢。
③听不懂别人的表扬或批评。
④词汇量过少，语言匮乏。
⑤上课听讲质量差、效率低。
⑥对概念理解困难。
⑦对解答数学应用题感到吃力。
⑧常常答非所问。

家长对孩子进行听觉理解力训练时应注意：

听觉理解力的培养不是靠短时间突击就能马上奏效的，因为理解力的提升要建立在认知经验的基础上。所以家长在平时就要多与孩子交谈，多让他接触各种事物，以增加他对世界的感性认识。

● 听觉理解力训练游戏

1. 词汇理解

这个游戏可以增强孩子的词汇理解能力，为表达和写作打好坚实的基础。

游戏方法

（1）家长念出一个词语，请孩子用自己的语言对该词语进行解释；
（2）家长念出几个词语，请孩子把这些词语进行排列组合，使之建立起联系；
（3）家长念出一个词语，请孩子用该词语进行造句；
（4）家长念出几个词语，请孩子把这些词语连成一段完整的话。

小提示：
孩子完成任务时，家长要关注连词的使用和句子的逻辑合理性。

2.近义词反义词

这个游戏可以增强孩子的听觉理解力,锻炼其逻辑思维。

游戏方法

(1)家长准备多组近义词和反义词;
(2)请孩子在散乱的词汇中找出意义相近的词,并解释;
(3)请孩子在散乱的词汇中找出意义相反的词,并解释。

小提示:
训练过程中可以多增加一些易混淆的词汇,增加难度。

3. 找不同

这个游戏可以训练孩子在听的过程中迅速理解句意,提高听觉理解力。

游戏方法

（1）让孩子找出所给的一组词中与其他不同的一个,同时指出为什么不同,并加以复述。如"老师、家长、小猫、孩子、农民",显然"小猫"与其他词不同,因为其他词均为表示人的名词,而小猫是动物。

（2）从四个短句中找出与其他三个有明显不同的句子,指出为什么不同,并加以复述。如：

春天山坡上开满鲜花。

秋天马路上铺满落叶。

大家的心情格外舒畅。

寒冬里树枝上挂满雪。

显然第三句与其他句子不同,因为其他三句是描写不同季节的,而第三句描写的是心情。

（3）进一步加大难度,让孩子从三个长句中挑选出一个与其他两个有明显不同的句子,指出为什么不同,并加以复述。如：

天空中翻滚着的乌云越来越浓。

猴子高兴地跳来跳去向游人打招呼。

河里的水一到晚上就显得格外平静。

很显然第二句与其他句子不同,因为它是表现动物的,而其他两个句子是表现大自然的。

小提示：

训练的量要适度,训练难度应根据孩子的不同发展水平循序渐进。

（6）听说统合能力

嘉嘉马上要上三年级了。他喜欢看书、画画，但寡言少语。即使是玩得兴高采烈的时候，他说的话都非常简单。上课时他就更不爱发言了，常常不参加讨论。别的同学你一言我一语非常积极，他却只静静地听，一旦回答问题他就词语贫乏，说了这个词，说不出另一个词，于是用动作和手势比比画画来代替说话，逗得同学们哈哈大笑。本来嘉嘉就不爱说话，现在就更不愿和别人交流了。

父母怀疑他发音系统有问题，可检查结果显示完全正常。咨询了教育专家后他们才知道，原来嘉嘉是因为听说统合能力落后造成了语言表达、联想、推理等方面的困难，因此他常常用直观的动作帮助表达。

听说统合能力是指能听懂别人说的话，并能作出较复杂而有意义的语言反应的能力。听说统合能力不仅涉及孩子"听进去了没有，听懂了没有"，而且要求孩子把所听到的内容"表达出来"。

听说统合能力差的孩子会表现出话到嘴边不知怎么说，语句简单，词汇贫乏，甚至词不达意。这不仅会影响孩子的学习，还会影响孩子的人际交往。

听说统合能力的训练从孩子咿呀学语时就可以开始进行了。家长可以从让孩子模仿成人的语言学说话开始，然后通过练习加深孩子对语言的记忆和理解。在此基础上，家长可以通过让孩子编故事、补充句子、造句和根据想象描述某个事件，以及与孩子进行讨论的形式，训练孩子的听说统合能力。

听说统合能力差的孩子一般有以下表现：

①上课不爱发言或平常不爱说话。
②词汇量少，语言组织能力较差。
③经常用动作、手势来代替语言。
④说话很啰唆，话多内涵少。
⑤说话常结结巴巴，发音不够清晰。
⑥不会完整地描述一件事情，常用简单的句子代替完整的句子。
⑦在表达时语病较多，常出现语法错误。
⑧性格孤僻，缺乏自信，害怕交往。

家长对孩子进行听说统合能力训练时应注意：

在孩子学习过程中，听与说是密不可分的，会听不等于会说；听是说的基础，说是听的表现，只有二者很好地配合，孩子的学习效率才会更高。

• 听说统合能力训练游戏

1. 看图说话

这个游戏可以训练孩子的口头表达能力和写作能力。

游戏方法

（1）家长让孩子根据一张图说一句话；
（2）家长让孩子根据一张图说一段话；
（3）家长让孩子根据多张图说一个完整的故事；
（4）家长让孩子将多张图的内容归纳成一句话。
（5）家长要多关注孩子是不是观察得正确、完整，表达时能否把所要表达的意思准确地表达出来，词汇及句型使用是否恰当。

小提示：
启发孩子在图与图的意思连接时多使用过渡语和顺序词，这能进一步增强孩子表达的条理性。

2. 你说我接

这个游戏可以帮助孩子用完整而有意义的句子做口语式的表达，锻炼孩子的表达能力和逻辑思考能力。

游戏方法

（1）家长可以先说一个未完的句子作为开头，如"远处有……"，然后由孩子将这句话完成；

（2）家长说一个抽象的词，请孩子接上一个具体的事物，例如将"悠扬"与乐器——小提琴联系起来。

小提示：

学前孩子只要完成（1）即可。

3. 续讲故事

这个游戏可以训练孩子的听觉专注力和语言表达能力，进一步锻炼逻辑思维以及想象力。

游戏方法
（1）家长先讲一个内容与情节都很简单但没有结尾的故事给孩子听，然后让孩子把故事的结尾完成；
（2）完成后，鼓励孩子再多说几种不同的结尾。

小提示：
注意观察孩子语言的连贯性，同时要考察孩子续编时的逻辑是否合理。

（7）听觉记忆广度

小羽要上小学二年级了。他本来是个聪明伶俐的孩子，在幼儿园时就因为能说会道常常得到老师的表扬。可自从上小学以后，他开始有些不适应了：他总是跟不上老师讲课的速度，老师说得稍快一些他就什么都记不住，句子长了点儿他就搞不明白老师说了什么。回家妈妈要他复述老师讲的故事，他却说了一堆没有什么逻辑关系的话，而且他常常会忘记老师口头布置的家庭作业。

妈妈发现小羽的记忆力并不差，能背诵很多诗、儿歌，能很好地和别人谈话交流，可为什么听起课来老是丢三落四的呢？

听觉记忆广度是人在注意力集中的情况下瞬间记忆时所能接受的句子或字节的范围。听觉记忆广度和人的注意集中性有较密切的关系，一般来说，注意集中性强的孩子在听觉记忆广度上表现得也会较好。

听觉记忆广度不足的孩子一般有以下表现：

①上课容易分心、做小动作。

②记不住家长或老师交代的事情，或者在做某些事情时总是丢三落四。

③对老师讲的课一知半解或记不住。

④为他讲题时总是要求多重复几遍。

⑤在平日口头表达时总是语句简单、内容单调。

⑥对所学的知识看似记住了实则没记牢。

⑦在复述句子、背诵课文方面较弱。

⑧不喜欢回答问题,也不爱提问。

家长对孩子进行听觉记忆广度训练时应注意:

听觉记忆广度的练习绝不是单纯的死记硬背。在孩子能够复述的基础上,可以帮助孩子总结一些适合自己的规律或方法,以协助孩子扩展记忆的广度。

• 听觉记忆广度训练游戏

1. 数字传真机

这个游戏可以扩大孩子的听觉记忆广度，使孩子能够更完整地接受听觉信息。

游戏方法

（1）家长随机念一些数字，念完之后让孩子复述出来。例如：家长说179，孩子也要说179；

（2）家长要用一秒一个数字的速度念，注意不要一下念太长的数字，可以从3位数开始，然后逐渐增加。

小提示：
家长应该尽量吐字清楚，孩子复述正确应及时给予表扬。

2. 汉字复读机

这个游戏可以进一步扩大孩子的视觉记忆广度,由复述数字过渡到复述更抽象的汉字,也能为迁移到日常的学习作准备。

游戏方法

(1)家长选择一些适合孩子发展阶段的汉字;
(2)家长念一组汉字,让孩子仔细听,听后将其复述出来;
(3)家长要吐字清楚,汉字间的间隔大约为1秒钟。

小提示:
　　复述汉字的多少应循序渐进,每组汉字如果能两次复述正确则算通过。

3. 传递句子

这个游戏可以锻炼孩子的听觉记忆广度。

游戏方法

（1）家长可组织多个孩子一起做游戏，让他们一个挨一个地坐好；
（2）家长先告诉第一个小朋友一句话，让孩子以说悄悄话的形式告诉第二个孩子，后面的孩子依次往下传，让最后一个孩子大声说出句子的内容，看是否与原话一致；
（3）家长可以增加句子的长度和难度，增强孩子主动挑战困难的信心。

小提示：
家长在游戏开始前要提出要求："每个字都要准确地传达到。"

（8）听动协调能力

贝贝是一个三年级的女孩，看上去比较内向安静。妈妈说她高兴时也很活泼，又是做表情又是做动作的，但大部分时候还是不爱说话。尤其在上课时，别人都很活跃，她却少言寡语，一旦回答问题就不知道说什么好，常常词不达意。体育课上，她也不喜欢和大家在一起做游戏，宁愿自己一个人玩。其实贝贝的动作能力发展得很好，可就是对老师给出的指令会反应慢半拍，她只有看到别人的动作后，才能模仿出来，这时老师往往已经喊下一个口令了，这就显得贝贝又慢又笨。甚至连走队列时她也总是慢半拍，难怪她不愿意参加这样的活动。

听动协调能力是听觉和动作的统合能力，是指用动作迅速表现其所听到的指令的能力。

对学习而言，听动协调能力具体表现在上课听讲的反应水平以及听写情况上。倘若一个孩子听动协调能力不佳，那么他有可能被误会为不专心，上课"不带耳朵"，实际上这些问题往往是他的行动与他所听到的信息未能充分合拍所造成的。

听动协调能力差的孩子一般有以下表现：

①做运动时经常会碰伤自己。

②做听写练习时不是跟不上，就是弄断铅笔，要么就是把纸戳破。

③说起话来结结巴巴,口齿不清。
④做运动时反应迟缓,以至于小朋友不愿意和他一起玩。
⑤唱歌时常会慢半拍或一拍。
⑥上课时常常来不及记笔记。
⑦团体活动中对游戏规则反应较慢,影响了他的社会交往。

家长对孩子进行听动协调能力训练时应注意:

孩子在听的过程中,要配以动作或实物,使声音有可传递的含义,让孩子对意义更清楚。

• 听动协调能力训练游戏

1. 爱音乐的木头人

这个游戏可以训练孩子的听动协调能力和听觉专注力。

游戏方法

（1）家长选择一段音乐要求孩子做动作，动作可自由选择；
（2）一旦音乐停止，动作立刻停止，孩子要保持一动不动，直到音乐再次响起。

小提示：

家长可以尝试不同节奏类型的音乐，来增加游戏的趣味。

2. 发令枪

这个游戏可以训练孩子的听觉专注力和动作控制力。

游戏方法

（1）家长和孩子先抽签，决定谁是"发令枪"；
（2）"发令枪"蒙上眼，另一方可以自由活动，当"发令枪"发出指令时，活动的一方要按指令做动作；
（3）"发令枪"快速摘下眼罩，检查活动方动作是否正确；
（4）"发令枪"可以发出两个以上连续的指令，增加难度。

小提示：
家长要观察孩子听到指令后是否能及时作出正确的反应。

3. 你读我写

这个游戏可以提高听觉专注力和听动协调能力。

游戏方法

（1）孩子根据家长所念的数字听写，要求孩子尽量跟上家长的语速；
（2）孩子根据家长所念的文字听写，速度快、正确率高就好。

小提示：

　　家长的语速一开始不要太快，要循序渐进。

语言及文字符号运用能力

阅读就是通过字形、字音和字义的联系来获得对于词句的理解。

语言及文字符号运用能力的发展在孩子的智能发展中占有极其重要的位置，它是孩子正常地与其他人进行交流的重要手段。

（1）语言能力

在大家眼里，美美看起来像一个"奇怪"的孩子：走路摇摇晃晃，像一只小鸭子；见到陌生人便躲在爸爸妈妈身后，看人的眼神怯怯的。虽然美美已经4岁了，却只会叫"爸爸""妈妈"。当别人想和她说话时，她低着头一点儿反应都没有……

妈妈为此感到很苦恼，她说自己工作忙，很少顾及孩子，美美从小是由姥姥带大的。而姥姥由于年纪较大，每天除了尽力为美美准备一日三餐，已经没有精力再和孩子玩耍、交流，也很少带孩子到户外进行锻炼和认知。这是造成美美不爱说话的原因吗？

人虽然没有语言也是可以思维的，比如用想象、用感觉，但这已经不是我们所说的思维水平了。因为语言的产生是人类进化的一大里程碑，即使在最简单的日常活动中，人的思维都离不开语言。

孩子的语言学习像他们大多数其他的学习活动一样，对父母的鼓励有着强烈的反应。当孩子一旦开始使用语言，那么环境中的刺激越多，他们运用语言的机会就越多，愿望就越强，语言能力的发展就越好。这一过程的典型表现就是孩子的词汇量和语句类型会迅速增加和丰富。相反，如果缺少这样一种环境，孩子使用语言的机会就会减少，掌握的词汇量和语句类型就会受到限制，他们的语言能力也很难得到发展。

一般来说，孩子语言形成的过程是从听开始的。孩子从听到说要经过从听觉接收信息、处理发出指令、肌肉运动说出言语等一系列的过程。它不仅要求孩子在生理上学会控制和调节自己的呼吸器官、共鸣器官，精确地协调位于嘴、脸、颈、腹等各个部位上相应的五六十块肌肉的运动，还要求其对接收的信息进行理解并作出恰当的反应，因此语言能力的发展是一个由简到繁、由易到难的复杂过程。

发展孩子语言能力的最关键因素就是给孩子提供良好的语言环境和合适的交流机会。有些孩子天生就很喜欢说话，对语言很少有畏难情绪，但是有些孩子则不大愿意用语言的形式来表达自己的需求。所以在语言能力的培养上，我们应该鼓励孩子不断地发现使用字词的乐趣，发挥语言作为工具的多样性，加速和丰富语言的发展，让孩子感觉到语言是有用的，同时也是有趣的。这样就能促进孩子更多地使用语言，提高孩子的语言能力。

语言能力差的孩子一般有以下表现：

①语言表达比较迟缓。
②不爱与人进行语言上的沟通。
③语句简短，词汇较贫乏。
④对语言的理解力偏弱。

家长对孩子进行语言能力训练时应注意：

①打造丰富的语言环境。"多听、多看、多读"是孩子发展语言能力的主要方法。所谓"多听"就是多与孩子交流，多让孩子欣赏语言的艺术，促进孩子对语言的领悟力；"多看"则是帮助孩子认识外界，为语言表达与理解积累经验；"多读"对小学阶段的孩子尤为重要，是他日后写作能力的基础。

②鼓励孩子敢于表达自己的想法。对孩子的表达持肯定和鼓励的态度，无疑可以给予孩子充分的信心，这是语言能力发展非常重要的一点。家长切忌总是去"猜测"孩子的意图，而应该以真诚的关注和耐心来帮助孩子表达出自己的内心想法，哪怕是在孩子试图用较难的句型或词汇时。

③以一种相关的、准确的方式来回答孩子的提问。比如给孩子提供一些新的词汇或好的句子，将孩子的注意力转移到那些可以以此为发散点的相似意思的词句上，使孩子能既快又好

地掌握学习语言的方法。

（2）阅读能力

东东是个五年级的学生，他的语文阅读理解能力比较差，主要表现为不理解词语，阅读课文时磕磕绊绊，不了解的词语多，生字多，找不到停顿的规律，课文读了几遍都不能理解文章的内容，概括不了中心意思。

对于造句和简单的小作文，他完成起来更困难。语文的阅读理解能力差也对他理解数学应用题的影响很大，审题时各种条件不能联系到一起。他不理解关键字，因此一见到应用题就发怵，解题不知从何下手。随着年级的增加，问题日益明显，东东的成绩总在班中的后几名，父母很着急，东东也很苦恼。

阅读是孩子利用视知觉和听知觉，通过字形、字音和字义的联系来获得对于文字的理解的过程。阅读也是一个十分复杂的心理过程，它需要多种心理功能的协调动作。由于几乎所有学科的学习都需要阅读参与其中，因而阅读能力对孩子的学习会产生重要的影响。

影响孩子阅读能力发展的因素有很多，这里介绍其中几个主要因素。

①家庭环境

大量研究表明，家长的语言表达能力和交流方式会影响孩子的阅读能力。在重视语言交流的家庭中，家长会经常和孩子交流，提供给孩子各种与语言和阅读相关的活动机会。因此孩子就更容易接受语言训练，逐渐养成重交流、重阅读的良好习惯。

相反，有的家长沉默寡言，说话简短，不注意与孩子进行语言方面的交流。在这种家庭环境中，孩子就会缺乏语言经验，体验不到阅读的乐趣，这对他将来的阅读能力会产生不良的影响。

②阅读兴趣

兴趣是孩子最好的老师，在阅读上也是如此。但有的孩子往往会形成片面的阅读兴趣，比如他只对某一类书籍有兴趣（如只对跟恐龙有关的书籍和图片有极强的兴趣），而对其他的书籍则漫不经心，一扫而过。这样的孩子往往不会出现阅读理解上的问题，但是阅读兴趣狭隘会影响他对各类文字的理解和分析，也会影响阅读能力的发展。

③材料选择

阅读材料过于艰深或过于简单，都会影响孩子阅读的积极性。有的父母为孩子选择的阅读材料不适合孩子的现有水平，导致孩子对阅读产生恐惧；还有的父母在选择阅读材料时，不了解孩子的特点和爱好，导致孩子对阅读感到厌烦。这些都会影响孩子阅读能力的发展。

④视知觉的发展

视知觉发展的不成熟也会影响孩子的阅读能力。比如孩子的视觉敏感度不良，会导致孩子在阅读时不易看清文字和符号。另外，眼部肌肉紧张也会使孩子的阅读活动不能持续。比如看书时眼睛容易疲劳、容易串行，眼球快速跳跃需要闭上一只眼睛等，这些都是孩子的眼部肌肉控制不佳造成的。倘若发现孩子存在上述问题，应当带孩子进行生理检查，由眼科医生为孩子提供帮助。

⑤**语言理解**

语言理解也是影响孩子阅读能力的因素之一。孩子在阅读时，需要对字、词、句子进行辨认和理解。不懂得词的含义，不能理解正常的句子，就不能在大脑中记忆并生成这些文字。应当指出的是，语言理解所造成的孩子阅读能力落后，是最难处理的阅读方面的问题。

阅读能力差的孩子一般有以下表现：

①朗读速度忽快忽慢，停顿次数多。
②常用手指着字逐字阅读，速度很慢。
③朗读时常常增字、漏字、前后颠倒，忽略句号和逗号。
④很会朗读，但是对内容却一知半解。
⑤很会背诵，但是对内容不甚理解。
⑥很难理解数学应用题的题意。
⑦阅读完不能回忆阅读的内容。
⑧阅读后，对阅读材料进行分析和推论有困难。
⑨认字与记字困难重重，听写成绩很差。

家长对孩子进行阅读能力训练时应注意：

家长在辅导孩子阅读的过程中，需要更多的耐心与方法。在这里我们把孩子的阅读活动分成几个阶段，以便家长了解孩子的阅读能力，并发现孩子在哪一个阶段需要辅导。

①集中注意力阶段。注意力是孩子学习的根本，在阅读过程中更为重要。在孩子准备阅读时，让孩子学会用视觉瞄准目标后，放松眼部肌肉。比如让他凝视某一个字，慢慢地松弛自己的眼肌，再逐渐地感觉紧张。如此反复多次，孩子就可逐渐掌握这种技巧，但是不要让孩子感到视觉疲劳。

②逐字精读阶段。让孩子以固定的方式用眼睛进行有条理的扫瞄，就像电脑输入一样，输入的格式是固定的，那么孩子的眼睛在扫瞄时的层次和频率也是固定的，这样孩子得到的信息正确率就高。

③略读阶段。在孩子打好文字基础之后，开始让孩子练习略读。所谓略读就是让孩子先浏览一遍文章，抓住文章重点，再把各段的重点部分重复看一遍，以此来确定自己的记忆是否正确，这样把各段的重点联系起来，就会形成一个整体的概念。

④回忆阶段。当孩子读完每一个段落后，给他两三分钟的时间，让他回想一下刚才所看过或者记过的内容，以此强化孩子阅读后的记忆和理解。

⑤分析阶段。在以上四个阶段结束后，家长可以设计一些由浅到深的问题请孩子回答。在回答中家长要注意观察，孩子是仅根据自己的推测来回答的，还是根据文章本身的含义进行判断的。前者表示孩子并没真正理解文章的内容，如果是后者的话，家长就让孩子对文章做进一步的分析，运用联想、比较、归纳等方法来理解文章中所蕴含的深层含义。

• 阅读能力训练游戏

1. 戏剧小演员

这个游戏可以提高孩子对阅读的兴趣，增强孩子对书面语言的感受力。

游戏方法

（1）家长选择一段趣味性较强、对话较多、角色简单明确的文章；
（2）家长和孩子分角色朗读，朗读要读出感情，符合各自所扮演角色的特点；
（3）如果意犹未尽，可以进行表演。要求孩子尽可能地表现出所演角色的特点，在表演的时候注意孩子的眼神、动作、语调、语速是否恰当，看他是否理解所扮演的角色，其语言表达是否流畅。角色扮演的同时也锻炼了孩子的口语表达能力。家长可以参与进来，让孩子为自己分配一个角色，调动起孩子的积极性，这样可以考察孩子是否真正读懂了原文的意思。

小提示：
家长应及时地鼓励孩子，增强孩子的自信心，提高孩子的阅读兴趣。

戏剧小演员范例

渔夫和巨人的故事

从前有个渔夫,他有妻子和三个孩子。一家人过着穷困潦倒的日子。

一天,他去打鱼,整整一天也没捕到一条鱼,想到家里的妻子和孩子,他又撒下了渔网。这一网依然没有鱼,却有一个封着口的金瓶子。

渔夫把瓶子拿在手中看了又看,这是个什么瓶子呢?他把瓶子打开,想看看里面装的是什么东西,没想到,什么也没有。他把瓶子放在自己的脚边,突然,一个巨人从瓶子里冒出来,渔夫大吃一惊。

巨人说:"渔夫,我要杀你。"

渔夫说:"你为什么要杀我?"

巨人说:"因为你把瓶盖打开了。"

渔夫说:"你不觉得是我救了你吗?"

巨人说:"别废话,告诉我,你愿意怎么死?"

渔夫说:"可我不想死!你能告诉我,你为什么要杀我吗?"

巨人说:"可以。我曾对国王发脾气,他就把我关在这个瓶子里,并把瓶子扔到了海里。我想,如果谁打开这个瓶子,我就让他成为一个国王。可是,一百年过去了,没有人来打开瓶子。后来我又想,谁打开这个瓶子,我就让他成为最有钱的人。

可是，一百年又过去了，还是没有人来打开瓶子。从此我生气了，就想不管谁打开瓶子，我出来后都将杀死他。"

渔夫明白了要被杀的原因。他想了想说："你是巨人，可这么小的瓶子怎么装得下你呢？"

巨人说："难道你不相信我刚刚说的话吗？"

渔夫说："我不相信这瓶子能把你装下。"

巨人很生气，他重新变小，钻回瓶子，让渔夫看个明白。没想到渔夫迅速拿过瓶盖，盖上了瓶子，他说："对不起，我只能把你再扔进海里。"

巨人无法从瓶子里出来。他在瓶中说："现在我求你，如果你让我出来，我让你发财。"

渔夫说："你还会杀我的。"

巨人说："我不杀你，我要让你成为富翁。"

渔夫又把瓶子打开，巨人出来了。他果真没杀渔夫，而是把他带到了有三座大山和一片大海的地方。在这里，渔夫很快捕到了三条鱼。巨人让他把鱼献给国王。

国王得到了这三条鱼，赏给渔夫很多钱，并让厨师马上做给他吃。因为，这三条鱼太漂亮了。

厨师开始烧鱼。突然，从屋子墙壁里走出一位美女，她把锅打翻，让鱼掉到火里，鱼全被烧焦了。

国王听了厨师的报告，感到非常奇怪，他命人把渔夫找来，让他再去捕三条鱼来。

渔夫又送来了三条鱼，国王又赏给他很多金子。

厨师开始烧鱼。这时，从墙壁里走出一位长着胡子的老人，他把锅打翻，让鱼掉到火里，鱼全被烧焦了。

国王决心弄清这是怎么回事，就派人把渔夫找来。"渔夫，这鱼是在什么地方捕到的？"国王问。

渔夫老老实实地说了。国王让渔夫带路，他要看看那有三座大山和一片大海的地方。

在三座大山附近的大海里，国王看到了和渔夫捕的一样的鱼。国王又爬上大山，发现山那边有一座大房子。他走进房子，听见有人说："我怎么还不死呢？"

原来，一个年轻人正坐在屋子的另一边，他的腿上盖着一块布。国王走过去一看，发现他的腿是白石头的。

"这是怎么回事？"国王问，"为什么你的腿是石头的？为什么有美女和老人从我的墙壁里走出来？"

年轻人说："这里从前是一座城市，我父亲是这座城市的国王，后来我继承了王位，并娶了一个漂亮的妻子。但她不爱我，而爱一个仆人。我打了这个仆人，不知妻子说了什么，我的腿就变成了石头，这座城市就变成了三座大山和一片海，城里所有的人都变成了鱼。那仆人也不能走路了，他就住在花园后面的那幢屋子里，我的妻子照例每天去看他。"

于是，国王去把那个仆人杀死了，自己装成仆人躺在床上。不一会儿，年轻人的妻子来了："亲爱的，你快乐吗？"

国王假装说："我不快乐，你的那位年轻的国王老是叫喊，我睡不好。还有城市也变了样子，我不开心。"

于是，那女人不知念了几句什么，大海和三座大山又变成了一座美丽的城市。

当她再回到打扮成仆人的国王身边时，国王立即将她杀死了。

从此，年轻人又成了这座城市的国王。他拿了很多很多钱给渔夫。

渔夫和他的妻子、孩子从此过上了幸福快乐的生活。

2. 眼球阅读

这类游戏可以培养孩子的阅读技能。

游戏方法

（1）家长站在孩子前面，手拿一件小玩具，在孩子眼前有规律地从右向左、从左向右、从上到下、从下到上进行移动。家长注意孩子的眼球是否跟着移动，同时头是否也在动，要逐渐训练到孩子能完全不动头、只依靠眼球的转动来追踪目标；

（2）家长拿出一张写满数字的纸，请孩子不动头部，只依靠眼球扫视来从左到右一行一行地阅读数字；

（3）家长拿出一篇文章，请孩子不动头部，只依靠眼球扫视来从左到右一行一行地阅读文章。

小提示：

适当休息，避免孩子产生视疲劳，速度从慢到快，保证准确率。

3. 匆匆一眼

这个游戏可以减少孩子阅读过程中眼睛的停顿次数,提高孩子的视觉广度,以此来提高孩子的阅读速度。

游戏方法

(1)家长在卡片上写一个字,字迹要清晰,保证孩子能看清楚,把它放在孩子眼前呈现1秒钟后收回,请孩子说出这是什么字;
(2)家长在卡片上写一行字,放在孩子眼前呈现3秒钟后收回,让孩子说出他看到的字;
(3)家长在卡片上写一段话,放在孩子眼前呈现30秒钟后收回,让孩子说出他所看到的句子。

小提示:

家长应根据孩子的情况来考虑训练的强度,如果孩子经过反复努力后也只能达到一定数量程度,表明孩子的能力已达到极限,家长不应再过分要求,避免挫伤孩子的自信心。

（3）写作能力

写作能力是在阅读能力的基础上发展起来的。一旦孩子发现文字带有语言上的意义，他们想要复制这些文字来表达自己的思想的天性就会表现出来。当认识了足够的字和词以后，他们的写作能力就会逐步发展起来，他们会开始凭记忆来写出这些字和词，然后再通过自己的创造来组织更多的字和词。至此，他们的写作基础就得以奠定。

很多父母对孩子的写作能力都存有一种错误的想法，觉得只要孩子能说会道，作文就一定写得不错。

其实，从学习能力的分类上看，说和写是两种不同的能力。写作和阅读一样，都需要孩子调动多种感官功能使其同时发挥作用，可以说，阅读和写作是最高级的语言能力。虽然我们现在仍然不是很清楚人的阅读和写作的心理机制是如何发挥作用的，但是我们在为孩子提供阅读和写作帮助的时候，还是有一些专业的原则可以遵循。它们包括欣赏和鼓励的态度、丰富刺激的环境、适合能力水平的内容，以及科学有效的方法等。总之，我们要让孩子从阅读和写作活动中获得无穷的乐趣。

一般来说，孩子的写作过程包括以下几个步骤，家长可以根据孩子的具体状况来决定从哪一个步骤开始介入辅导。

①选择主题

动动脑筋，或许可以通过讨论的形式来确定孩子愿意写作的主题。

②**引导思考**

在确定主题之后,引导孩子思索与主题相关的内容,鼓励孩子不受拘束和限制地发挥想象力,并帮助他回忆经历过的事件。

③**完善主题**

可以让孩子以画图或者手工等多种方式来表达他对题目的理解。这时父母要从旁提出与主题相关的问题,使孩子在回答问题的过程中不断地完善他对于主题的认识。

④**拟写草稿**

让孩子根据对上述步骤的认识与了解,把他要写作的内容以提纲的形式整理出来,并写出第一稿。

⑤**自由讨论**

在完成草稿后,一定要安排自由讨论时间,使孩子在第一稿完成后,通过讨论不断深化对文章的构思以及进一步丰富文章内容的想法。

⑥**朗读文章**

让孩子大声地朗读自己的文章。在朗读过程中遇到错别字或句子不通顺的地方,用红笔做上记号。

⑦**修改草稿**

鼓励孩子独立修改自己的草稿,让他养成对文章精益求精的态度。

⑧**重抄一遍**

让孩子大声地、富有感情地把修改好的文章朗读出来,并重抄一遍。

⑨**重温步骤**

让孩子重温写作的步骤，帮助孩子总结、掌握一套完整的写作方法。

写作能力差的孩子一般有以下表现：

①平时能说会道，但不会写作文。
②作文的内容写得特别简单。
③写作时没有明确要表达的意思。
④写起作文来东拉西扯，毫无逻辑。
⑤作文句子冗长、啰唆，经常犯语法错误。
⑥不知如何组织语言。
⑦写作时文字错误百出。
⑧写作技能差，不知如何下手。

家长对孩子进行写作能力训练时应注意：

写作就是让孩子把自己看到的、知道的、想到的有意义的内容用文字表达出来，写作是衡量孩子语言能力水平的重要标志，它需要家长在训练过程中遵循由说到写、由模仿到创造的规律进行培养。

• 写作能力训练游戏

1. 看图写话

这个游戏可以锻炼孩子的口头表达能力,让孩子为写作打下坚实的基础。

游戏方法

(1) 家长给孩子看一些带有故事情节的图片,让孩子指出图片上画的是什么,并将图上的内容联系起来说一段话;
(2) 请孩子把自己说的话写下来,完成后重读一遍,跟图片比对是否有遗漏;
(3) 孩子自己写好故事后,把故事画出来;
(4) 家长可以和孩子一起把作品装订成书,增强孩子的成就感。

小提示:
家长要引导孩子仔细观察图片,然后有条理地组织语言。

2. 词义分类

这个游戏可以让孩子理解和区分各种词义,增强孩子的写作能力。

游戏方法

(1) 让孩子根据词的意义进行简单的分类,如将一组词分为植物类、生活用品类等;
(2) 可以写出很多不同类型的词汇,让孩子进行名词、动词、形容词、量词等常用词汇的分类练习。

小提示:
  这类游戏很容易执行,随手拿起一篇文章便可以对其进行分解归类。

3. 造句仿写

这个游戏可以帮助孩子进一步掌握所学词汇的用法，锻炼孩子的写作能力。

游戏方法
（1）家长挑选一些适合的词语，让孩子做造句练习；
（2）要求所造句子结构完整，句义通顺，内容表达丰富，有一定意义。

小提示：
　　孩子能较好地完成造句后，可以让他尝试仿写作文。

逻辑思维和推理能力

孩子思维能力的发展其实就是孩子学习认识事物的过程,它是从不知到知、从知少到知多、由量变到质变逐步发展起来的。在这个发展过程中,速度有快有慢,有时还会呈现出暂时中断或者突然提升的现象。这种连续发展的顺序和中断就形成了孩子心理发展的不同阶段,也就是孩子心理的年龄特征。

通常,在孩子3~14岁之间,有两个显著转变和加速发展的年龄点。

第一个转变发生的年龄点在6岁左右。这时孩子能根据事物的功能和概念进行分类,开始表现出从认识事物的外部特征,转为认识事物的内部特征。

第二个转变发生的年龄点在10~11岁。实验表明,小学中高年级学生之间的思维发展水平相差较大,而小学高年级和初中一年级学生之间的思维发展水平差距则不太明显。11岁左右孩子的思维能力已经达到一定程度的抽象概括水平,能够理解复杂化了的因果关系,能对事物进行演绎和归纳。

（1）观察能力

妈妈给晨晨买了几本漫画书，本以为晨晨会像其他八九岁的孩子那样高兴得手舞足蹈，可晨晨却把书放在角落里，几天都没有翻。妈妈觉得很奇怪，便问晨晨为什么。晨晨告诉妈妈："我看不懂。"妈妈又翻了一遍漫画，确认漫画里都是些简单的字，晨晨已经上三年级了，读起来应该没问题。再说许多孩子只看图就能理解其中的意思，妈妈就是看到别的孩子拿着爱不释手才给晨晨买的。晨晨说："就是因为上面的字太少，图画我又看不懂，所以才不看的。""看不懂？"妈妈回想晨晨凡事懒得动脑筋，不禁产生了一种可怕的想法："我的孩子是不是智力有问题？"

观察能力是一个人学习、掌握知识的重要途径和技能。要进行良好的观察，我们需要运用自己的感官，对事物进行有目的、有步骤的注意与判断。当孩子拥有了观察力，他就能从细微处窥全貌，也就为自己的推理与判断能力打下了很好的基础。

观察能力较差的孩子一般有以下表现：

（1）认字能力虽好，却不理解其意，而且无法组织较长的语句。

（2）图形辨别能力差，看图形经常只看大概，忽略细节。

（3）对事物的观察不细致，分辨不出相似事物之间的差别。

家长对孩子进行观察能力训练时应注意:

观察能力是不会自动发展的,必须经过一定的训练和培养才能提高。心理学家曾对观察能力的培养做过试验,结果证明,经过一年的培养,试验班学生的观察能力有明显提高,能观察较多的东西,他们的观察数量百分比由原来的37%增加到64%,而普通班有70%的儿童仍停留在原来的水平上。所以家长要利用儿童视觉理解能力发展的关键期,对儿童进行适当的训练,以提高儿童的观察能力。

● 观察能力训练游戏

1. 种子发芽

教孩子有目的地进行观察,学会观察是培养逻辑思维和推理能力的第一步。

游戏方法

（1）准备一颗种子和适合生长的土壤,和孩子亲手种下种子,并观察种子发芽成苗的过程;

（2）围绕种子是怎样发芽这一主题,设计一系列的观察活动,比如:多长时间种子长出根？什么时候长出叶子？颜色怎么样？每天需浇多少次水？

（3）要求孩子观察和记录种子发芽的时间和温度,以及叶片的颜色和形状等。

小提示：

刚开始时,孩子往往注意力不集中,东看看,西瞧瞧,容易受不相干事物的干扰,忘记观察目的,这时需要家长及时督促和耐心引导。

2. 空间连连看

教孩子有计划、有顺序地观察事物，从不同角度、不同顺序观察同一事物，或从同一顺序观察不同事物，从而把握观察对象的整体和实质。

游戏方法

（1）让孩子按空间顺序观察事物，如由远及近、由高到低、从左到右、从里到外等；
（2）比较不同角度观察结果的异同；
（3）让孩子做简洁的观察记录。

小提示：

家长带领孩子观察的事物最好新颖独特，能够引发孩子的兴趣，可以从孩子最感兴趣的事物入手。

3. 仔细看，找重点

教孩子按一定的顺序观察事物，克服观察时丢三落四的毛病，从而提高孩子观察的全面性。

游戏方法

（1）按被观察事物的结构组成部分的次序进行观察。如从头到尾、由表及里、从整体到部分再到整体。

（2）请孩子观察一尾金鱼：从整体顺序来看，分为上头、中躯、下尾三个部分。鳃以上是头部，肛门以后是尾部，而鳃和肛门之间便是躯干。从局部结构来看，以头为例，其前端有口，两侧有鼓起的眼袋和眼睛，眼的前面有两个鼻孔，两侧还各有一片鳃盖，鳃盖后缘掩住鳃孔，鳃盖能开合，与口的运动相互配合，使水不停地由口流入，由鳃排出。经过这种有顺序有步骤的观察，孩子就可以获得一个完整、清晰的观察印象。

（3）在全面观察的基础上，认准被观察对象的主要特征。比如观察一只乌龟，乌龟的主要特征是其背壳。因为四只脚、两只小眼和短尾巴等都是其他许多爬行类动物的共同特征，而非乌龟所特有。因此乌龟背壳的硬度、形状、花纹才是观察的重点。

（4）让孩子做好观察记录，并做成小册子，与同伴分享。

小提示：

家长要善于发现孩子的进步和优点，及时给予赞赏和表扬，增强孩子观察的动力。

（2）概念形成

若若和可可是一对双胞胎。若若比可可早了3分钟从妈妈肚子里钻出来，于是当了哥哥，可可自然就是弟弟了。哥俩天天一起吃喝拉撒睡，衣服用品也都一式两份，爸爸妈妈总是一碗水端平。但是哥哥好静，弟弟好动，个性截然不同。更重要的是上了小学后，哥哥虽不大爱说话，可学起数学来一点就通，不管在学校还是在家，作业很快就完成了，而且基本不出错。可弟弟就费劲了，在幼儿园学点数就学了老半天，上学后一做计算题，就恨不得把脚丫子都搬上来算数，妈妈要是不帮着他讲解指点，他的数学作业就很难完成。家长怎么都想不通："可可怎么跟哥哥这么不一样，对数学就是不开窍呢？"

概念形成是指将分类信息纳入不同范畴的过程。从本质上说，概念形成要基于属于和不属于某一个概念范畴的经验获得，概念是思维的重要工具。

我们来看一个孩子如何学习"狗"的概念。一个小女孩和父亲在散步，走到邻居家门前，他们看到一只不大不小的狗。父亲说："看，这是一只狗。"接着又走到另一家门前，他们看到一只猫，小女孩说："狗！"父亲就纠正她："不，那是只猫。"小女孩想了想说："原来狗大猫小！"当他们又看到一只小腊肠狗，小女孩马上说："这是猫。"父亲说："不，那是只狗！"小女孩感到迷惑不解，但随着后来看到的正例和反例越来越多，她开始能区分各种各样的狗，从牧羊犬到吉娃娃，而且可以把它们看作同一类动物。

从上面的例子可以看出，孩子的概念形成往往是通过样例学习完成的，这是因为孩子的认知能力处于发展过程中，他们对事物的理解和判断还未达到较高的程度。我们要知道，成人主要是通过学习规则来获取概念，概念的规则是定义事物是否属于某个概念范畴的准则。规则学习比样例学习效率要高，但是它依然是建立在之前大量样例学习的基础上才能达成的，家长要注意不能用成人的标准和学习方式来对孩子提出他不可能完成的任务。

概念形成不佳的孩子一般有以下表现：

①学习速度很慢，需要反复讲解。

②没办法很快弄清楚事物之间的关系，这导致他不能准确地区分事物的属性。

③思考能力差，不能掌握解题的步骤和方法。

家长对孩子进行概念形成训练时应注意：

家长要了解孩子概念形成的特点以及培养方法，更多地协助孩子思维的发展，为孩子的自主学习奠定基础。

• 概念形成训练游戏

1. 形状游戏

这类游戏可以锻炼孩子视觉分辨能力和空间知觉能力，增强孩子对数的概念和形状的认知。

游戏方法

（1）家长用绳子围成不同的形状，请孩子说出正确的形状名称；
（2）家长用纸张折成不同的形状，请孩子说出正确的形状名称；
（3）家长请孩子用语言描述不同形状间的区别；
（4）家长请孩子用笔写出不同的形状分别有几条边、几个角；
（5）家长请孩子把大小不同的形状按从小到大或从大到小的顺序排列。

小提示：
尽可能通过生活里的小道具来启发孩子感觉各种数与形的概念。

2. 数字知多少

这个游戏可以培养孩子按顺序听数字的能力,帮助孩子建立一对一的数字概念,为孩子进入运算阶段做好准备。

游戏方法

(1)让孩子闭上眼睛,专心数听到的拍掌声或者鼓声;
(2)家长可以有意识地变化鼓声节奏,考察孩子是否数对鼓声数;
(3)让孩子根据每次听到的鼓声数,在提前准备好的小盒子里放入相应数量的豆子;
(4)让孩子根据每个盒子里的豆子数量写下相应的数字,这能帮助孩子了解数与量之间的关系;
(5)让孩子根据每个盒子里的豆子数量按从多到少或从少到多的顺序排列盒子,并指出装着4个豆子或9个豆子的是第几个盒子,以此让孩子建立数字在序列中相对的位置概念。

小提示:

重在将数字和数量进行结合,帮孩子建立多与少、大与小的概念,并让孩子能用动作来反应。

3. 数字符号指挥官

这个游戏能锻炼孩子统整视觉和听觉符号的能力,并帮助孩子学会理解数量与符号一一对应的关系。

游戏方法

(1)将写有不同数字的纸片摆在地板上,要求孩子根据数字大小向前走或者向后走;(这里说的"前"和"后"不是指空间位置上的,"向前走"即向大的数字走,以此类推。)
(2)向前走,数量越走越多,数字越来越大;向后走,数量越走越少,数字越来越小;
(3)家长用"+""-"符号来代表前和后,让孩子了解数量的演变过程,理解符号所代表的数量关系;
(4)家长还可以设计其他的符号卡,比如等号(=)、大于号(>)、小于号(<)、乘号(×)和除号(÷);
(5)针对每种符号,家长要相对应地让孩子参与到游戏中,让孩子运用感觉和动作更好地理解数量与符号的关系。

小提示:

数学符号代表数字间的关系和计算方式,孩子只有了解各种符号的意义后才能解答数学题。

（3）推理能力

丁丁今年8岁，平时语言表达还可以，和小伙伴玩耍聊天都很开心，家里的长辈可喜欢他了，嘴甜招人疼嘛。可就有一样，他有点儿小鲁莽，做事不爱动脑子想办法，老是等着别人给他解决问题。他的思维很跳跃，有时不能坚持在一个问题上思考，不能举一反三地学习知识，常常一道题给他讲明白了，下次换个情境又不会了。爸爸妈妈问了老师，老师也觉得丁丁学习效率和方法存在问题。

推理能力是一种很重要的思考能力，需要对概念有深刻的理解后才能进行。具体地说，推理需要先对问题进行思考，然后找到解决问题的答案，它是解决问题的重要步骤。对于孩子来说，逻辑思维能力的培养主要是指孩子的分析综合、抽象概括、判断推理以及解决问题等能力的培养。在日常生活中，只要留心，我们都可以观察到一个孩子是否善于思考问题，能否有步骤有方法地解决问题，虽然这些看似都是小事，但却是孩子逻辑思维推理能力如何的具体表现。

推理能力发展不良的孩子一般有以下表现：

①对空间、顺序、序列等概念理解困难。
②大脑处理加工信息的速度偏慢。
③对符号及数字运算感到不适。

④对数学概念掌握较慢。

⑤对事物本质特征的认识不足,归纳概括能力差。

⑥缺乏举一反三的能力。

家长对孩子进行推理能力训练时应注意:

孩子的逻辑思维和推理能力是可以挖掘和训练的,可以从以下三个方面提升孩子的逻辑思维和推理能力。

①多角度认识事物是第一步;

②通过归类法培养孩子的思维概括能力和敏捷度;

③数学解题是具体应用的训练。

● 推理能力训练游戏

1. 举一反三

这类游戏可以培养孩子的逻辑思维能力,帮助孩子理解事物之间的关系,并能举一反三地发现其他事物中是否存在同样的关系。

游戏方法

(1)家长先提示一个事物,让孩子找到另一个相对应的事物。比如:"车库和汽车的关系,就好比衣柜和什么的关系呢?"
(2)确定孩子理解事物之间有着对应的关系后,进一步让孩子思考后填空:
　　笑对于高兴就好像哭对于(　　);
　　耳朵对于听就好像眼睛对于(　　);
　　天空对于飞机就好像大海对于(　　)。

小提示:
　　如果孩子爱思考,可以鼓励他说得越多越好,也可以让孩子出题,家长来回答。

2. 数字规律

这类游戏可以帮助孩子识别和使用规律。

游戏方法

请孩子认真观察下面的数字，找到其中的规律，然后运用规律，推测接下来的数字会是什么？

1，3，5，7，9（ ）（ ）（ ）（ ）

1，2，3，5，8（ ）（ ）（ ）（ ）

1，9，25，49，81（ ）（ ）

小提示：

此类数字推理游戏有很多，可以多给孩子提供机会，让他们分析、复制和扩展规律。

3. 列表推理

这个游戏可以培养孩子收集信息和逻辑推理的能力。

游戏方法

明明一家（爸爸、妈妈、哥哥、妹妹）去动物园玩，每个家庭成员喜欢的动物都不一样，用所给的线索和表格找出家庭成员们各自喜欢的动物。

① 哥哥喜欢的动物最重；
② 妈妈喜欢的动物啃树叶吃；
③ 妹妹喜欢的动物可以从树枝上挂下来；
④ 爸爸喜欢的动物是森林之王。

	大象	长颈鹿	狮子	猴子
爸爸				
妈妈				
哥哥				
妹妹				

小提示：
家长可以尝试更多类似的游戏，锻炼孩子的思维能力。

Chapter Three
第三章
学习困难不用怕

如何帮助孩子战胜心理上的挫败感
如何对待孩子反应慢
如何对待孩子注意力不集中
如何对待孩子过目就忘
如何对待孩子考试焦虑

如何帮助孩子战胜心理上的挫败感

从前,有个女孩很喜欢学习,她把上学当作最快乐的事情。小学一年级的时候,即使发着39度的高烧,她都坚持去上课,因为爸爸妈妈告诉她这样做才是一个好孩子,才能学到知识,长大了才能成为最有用的人。

可是到了三年级,女孩渐渐地感觉学习不再是快乐的,不再是可以由自己来掌握的事情了。因为,这时她的数学课上得越来越吃力,作业经常要做到夜里12点钟。那些看着好像很简单的题目,一做起来却成了一座座高不可攀的大山。然而,女孩真正开始厌恶学习是源于老师的一次评卷。那次数学考试女孩仅得了60分,但她还是特别高兴,因为自己的努力获得了回报——总算及格了。可是数学老师却不屑一顾地斜她一眼:"就这么点儿成绩还高兴啊!我要是你,早就一头撞死了。"在同学们的哄笑声中,女孩感到了莫大的耻辱。或许老师的本意是想通过这种方式激发她自强、向上的好胜心,但产生的效果却是让女孩从内心深处远离了这个老师,甚至让她从那以后对数学产生了强烈的恐惧感。

就这样，女孩带着问题升到了中学，情况也变得越来越严重。她常常叹息为什么自己没有出生在科举年代，那样她就能像那时的读书人一样，只需熟读四书五经，写得一手好文章，就能功成名就。因为她的文科学得很好，但这反而和数学上的困难形成了极大的反差，她内心的挫败感与日俱增。幸运的是，在这个时候，女孩遇到了一位理解她、鼓励她的地理老师。在这位老师的帮助下，她慢慢地体会到：学习的动力不应该只来自外界强加给自己的压力，更来自自己内在的动力和能力。就这样，进入高中后，女孩不再抗拒数学课，各科成绩齐头并进。最终，她考上了大学，并特意选择了教育心理学专业。她希望通过系统的学习对自己的学习生涯进行较为深入的了解，探究在成长过程中到底有哪些因素直接影响着孩子们的学习。她更希望，能够通过自己的努力帮助那些和自己有着相同境遇的孩子们……

这是一个从逆境中重新站起来的学习者的故事，也是我——本书作者真实的成长经历。所以我在工作中非常能体会学习遭遇困难的孩子内心的挫折感。我希望每个家长都能体会到遭遇学习困难的孩子内心的挣扎，并从我下面所列出的方法中得到启发，帮助孩子战胜心理上的挫败感，取得学业成功。

（1）无条件地积极支持和接纳孩子

爱孩子谁都会，但是怎么爱却有很多讲究。很多家长说自己为孩子奉献了所有，掏心掏肺，可是孩子却不领情，这难免让他们有怨气。当我遇到家长在咨询中喋喋不休地谈到自己对孩子的付出得不到回报的时候，我总是问他一个问题："你爱不爱孩子是以孩子自己的感受为标准还是以你的感受为标准？"家长才恍然大悟："当然以我自己的感受为标准啦！"家长爱孩子，但孩子没有感受到爱，那他怎么会回应爱呢？学习遭遇困难的孩子的内心更敏感，他们希望父母不会因为他们遇到了困难而不再爱他们，这是他们最在乎的事。所以，家长要无条件地积极支持孩子，接受孩子的一切，包括他们的困难和缺点。无条件地积极支持孩子首先要做到理解，感同身受地站在孩子的角度看问题，学会放下身段和孩子交流。当孩子遇到困难情绪低落时，和孩子站在一起，拥抱他，告诉他："妈妈爱你，不因为你学得好还是学得差，只是因为你是我的好孩子！妈妈相信你在努力！"

（2）不吝啬表扬孩子的任何进步

在孩子的生活、学习中只有批评没有表扬，这会使孩子缺乏自信，变得自卑，甚至自暴自弃。这样简单的道理很多家长都知道，可是就是不容易做到。为什么？因为家长总是急于看到成果，没有办法耐心等待孩子取得进步，这样做导致的结果就是很容易盯住孩子的缺点，而对孩子的优点和进步视而不见。长此以往，孩子也不愿意听父母的意见了，甚至觉得父母的表扬也是虚伪的。反思一下，当看到孩子的学习有一点儿小进步时我们是怎么说的——"这次考试成绩多了3分，很好。但是，希望你下次考得更好，考到95分！"家长的表扬里的潜台词是：这次考得我不满意。孩子满怀的热情和信心在听到这样的表扬之后非但没有被点燃，反而落到零度以下了。家长要善于发现孩子的闪光点和点滴进步，及时地给予孩子表扬和鼓励，尤其对于内心充满挫折感的孩子，家长的大力拥抱、竖起的大拇指、热情洋溢的赞扬都是他重新振作、奋力拼搏的动力来源。

（3）培养和维护孩子的自尊

随着孩子的成长和成熟，孩子的情绪和情感也在发生变化。自我意识的建立和增强不仅是孩子自信和自尊的需要，更是他们走向社会不可缺少的重要方面。当看到孩子对表扬和批评都一样无所谓的时候，家长和老师常常会觉得这个孩子自暴自弃，无法再教好了，他们也会渐渐失去信心。殊不知，这可能正是家长和老师长期的错误教育态度导致的，孩子已丧失自尊。

孩子感受到的态度是其心理建设的一部分，态度影响着我们如何去感觉某些事情，影响着我们的反应和行动的方式。父母有责任帮助孩子发展自己的态度和良好的自我理解。你可以这么问孩子："这么做，你觉得高兴吗？""你想的例子是什么？""每个人都认为这个想法好吗？""你知道还有谁有这样的感觉？"

孩子的名字也是心理自我的一部分。当孩子听到其他人叫他的名字时，自我感就出现了。父母和老师应用名字表现出对孩子个性的尊重，用肯定的语言建立孩子良好的自尊，用平等的态度跟孩子对话，让孩子敢于展示自己，用不变的支持来使孩子真正克服心理上的挫折感，从而努力克服困难，向快乐学习的目标进发。

如何对待孩子反应慢

聪聪今年8岁多了,从他的名字就可以看出父母对他寄予厚望。可是聪聪不知怎么就是不争气,考试总得六七十分,这成绩对于一个二年级的学生来说似乎是差了些。

聪聪的妈妈对此充满疑惑和焦虑,因为聪聪在家里是个听话的孩子,让他做什么他就做什么,也很安静,就是学习不好。

在学校,对老师说的话他总像没有听见一样,反应很慢,老师刚刚说过的内容他都记不住,上课不注意听讲,也不发言,老师提问他时他常常是所答非所问,听写生字更是错误连篇。

的确,聪聪的妈妈也发现,这孩子虽然听话,可总是糊里糊涂的,做事慢,没有什么爱好,也很少和同学一起玩。

聪聪的妈妈向我咨询时,问的第一句话就是:"这孩子智力没有问题吧?"

经过测试,聪聪的智力正常,但是听觉广度和听觉记忆能力都只有6岁孩子的水平,他的视动速度也慢;在感觉运动方面,他的前庭平衡能力和本体感都严重失调。

当给聪聪做训练时,我发现他由于上述学习能力障碍引起的心理问题也很严重。

聪聪的爸爸常年在外地工作，家里只有妈妈和姥爷。聪聪的妈妈是个普通工人，性格很急躁，对他的教育常常只是指责和训斥。

在学校，由于学习成绩差，他得不到老师的表扬。他在做游戏时，因为运动能力弱常常失败，总是招来同学们的嘲笑。这让聪聪变得极不自信、消极麻木，觉得干什么都没有意思。他对我说的最多的话就是自己这也不行那也不行。

看到孩子这个样子我的心里真的很难过，他才8岁，就抱着这样的心态，今后的路可怎么走呀！其实聪聪真的是个听话的孩子，虽然他对自己没有信心，对做的训练项目也不感兴趣，但他仍然能够按照我的要求去做。

聪聪还有个优点就是能吃苦。他家离我这里很远，每次来找我都要早上5点就起床，可是他从来没有抱怨过。另外，因为聪聪的运动能力弱，做运动时比较吃力，可他每次都能够坚持完成。看到聪聪的这些优点，我更加相信聪聪会成功的。

针对聪聪的实际情况，我将训练分为以下几个阶段来完成。

第一阶段：情感交流阶段

这一阶段的项目是按照正常的听知觉训练和运动知觉训练进行的。可是项目本身完成的好坏并不是本阶段的重点，重要的是培养他的自信心与兴趣。因为聪聪现有的世界观是被动而消极的，他非常缺乏成就感，急需从别人的认可中建立对自己的正确认识。

为此,我设立的项目大多是简单易行的,对他的要求也不高,重点是在他完成之后对他的成绩进行肯定。

在肯定成绩时,我特别注意避免只说简单空洞的"很好""真棒"之类的话,而是具体指出他的优点,让他切实地感受到我对他的表扬是发自内心的。

随着他能力的提高,我对他的评价也开始全面了。比如在做听写时,以前他只要能写出来我就给予肯定,后来是既肯定他写的正确程度又肯定他的字迹,再后来在表扬时还会增添一些小小的期望。

就这样,在我的赞扬声中,聪聪的眼睛开始有神了,脸上也有光彩了!虽然他还是很少主动要求什么,但不再是做什么都无所谓,而是说:"好的,我们做这个。"从他的一举一动中,我看到兴趣与快乐在他的内心深处发芽了。

第二阶段:感觉运动训练阶段

对孩子来说,在建立自信心时获得同伴的认可很重要,可是聪聪的运动感觉能力严重失调,要想得到同伴的认可很难。因此,我将第二阶段的训练重点放在感觉运动方面,在这方面加大力度,进行强化。

因为聪聪能吃苦、有毅力,所以这种强化很快得到了效果。他的运动速度、敏捷度、协调能力都有了明显的提高。随着这些能力的迅速提高,聪聪的自信心也逐渐增强,甚至连他自己都惊讶自己居然有这么大的潜力。

第三阶段：学习能力训练阶段

经过上两个阶段的训练，我已经充分掌握了聪聪所有问题产生的原因、现有的能力以及优缺点。因此，在此基础上我们开始了正式的学习能力训练阶段。

这一阶段的重点是训练项目本身，这一时期的鼓励和表扬都是根据项目完成的情况来定。

比如，聪聪对他人说的话反应较慢，有时还所答非所问，给人感觉好像是智力有问题，可他在学习词语和应用题时却能够较好地理解和运用。这时我就给他极其肯定的赞扬，并且帮助他认识到他的问题是由于他的听觉广度和听觉记忆力不好造成的，让他知道自己该朝着哪个目标努力，并教给他方法，让他明白自己的困难是可以克服的。

当然，聪聪的训练是艰苦的，他要克服的困难很多，听知觉方面的、视动方面的、表达方面的等等。我帮他找到一个个克服困难的方法，他也很认真地配合。就这样，我们一步一步地前进着，很快他就感觉到自己听课容易听懂了，学习起来也轻松了。

可前进的道路并不是一帆风顺的，训练到了一定时期，聪聪进入了平台期——进步很微小而且不稳定。

面对这一情况，我仍坚持以前的信念，可他的情绪却开始低落。直到有一天我们在做项目时，他又一次错了许多，我叹了口气说:"加油!"聪聪突然坚定地说:"我一定会挺过去的!"听了这话,我激动不已,我知道我的计划已经成功了。

果然,没过多久,聪聪度过了学习能力的平台期,可谓突飞猛进。

回顾聪聪的训练过程我感到:<u>发现孩子的问题比教育孩子更重要。</u>

当孩子出现学习问题时,我们首先要做的是努力了解孩子,帮助孩子找到问题的原因,然后和孩子一起去解决问题。而一味地批评指责孩子只会毁了孩子的一生。

对于有学习困难的孩子来说,学习成绩上不去也许只是一时的,而自信心和学习兴趣的丧失才是最可怕的。我至今仍然清楚地记得聪聪初次来找我时的那种麻木不仁、心灰意冷的样子,那种消极而又无可奈何的态度真的是让人既心疼又心有余悸。

如何对待孩子注意力不集中

"我的孩子是个小学四年级的学生,他从小聪明乖巧,谁都说他聪明。可是我发现他做任何事情都没有办法坚持到五六分钟,有的时候连最爱看的电视,他也是看一会儿就跑到别处去玩了,很少看见他特别踏实、特别有耐心地做一件事情。

"学校老师常常把我请去谈话,说孩子在课堂上总是喜欢逗别的孩子,弄得老师上课也不安心。可是我带着他跑了很多医院,也做了各种各样的检查,医生都认为他很正常,智商测验分数也很好。我还带他去过很多业余学校,希望让他感受一下另外的课堂教学方式,但也很难让他改掉这种好动的毛病。我非常苦恼,怎么样来教育他,才能使他能跟别的孩子一样认认真真上课,别再给我添乱呢?"

这是一个孩子的妈妈给我写的一封信。类似这样的烦恼是很多的,有时来自父母,有时来自教师,有时还来自孩子自己。这就是我们通常所说的分心,也叫作注意力障碍。它是一种比较常见的导致孩子学习困难的原因。

大量的研究表明,儿童注意力障碍是由于脑功能轻微失调引起的。由于神经系统的缺陷,这些孩子在学习过程中产生不了应有的兴奋,因此在学习活动中抑制了注意力的发展。为了维系大脑的必要兴奋,他们就要借助于一些无关的活动来控制自己。

有注意力障碍的孩子一般有以下表现:

①注意力比较短暂。
②容易出现纪律行为方面的问题。
③写作业时容易分心。
④有时说谎。
⑤好动,坐不住。
⑥比较调皮,喜欢捉弄别人。
⑦容易冲动,控制情绪能力较差。
⑧小动作比较多。

作为教师应该认识到,我们在帮助注意力障碍的孩子中起着非常重要的作用。

由于这些孩子的注意力集中性与稳定性较差,教师可以把他们安排在靠自己较近的座位,并且在讲课过程中经常举一些有趣的例子以引起孩子的注意,使他们更坐得住。针对那些活动量大的孩子,教师可在讲课过程中有意识地安排他们做一些需要活动身体的事情,比如发作业本、擦黑板等,借此释放他们的活动量,这样也会对孩子配合讲课、遵守纪律有好处。

作为父母应该认识到,孩子的这种注意力障碍并不是疾病,而是自制力低的问题。

一般来说，自制力可随年龄的增长而逐步发育完善。因此，父母一定不要粗暴地对待孩子，为他们焦虑，而要关心并体贴他们，同时认识到合理要求孩子的重要性。

这些孩子自己也很难控制行为，因此一味地要求他们当个安安静静的乖孩子是不切实际的，强求反而会使亲子之间的关系恶化。父母可以把孩子的这种易分散注意力的行为看作孩子对外部世界好奇心强的表现，理解他们，尊重他们，闲时可以带他们多做一些有计划的运动。在身心充分放松的环境中，让孩子感受坚持做一件有益活动的乐趣，这样做的效果远胜于无数次的责骂。

从具体操作的角度来说，家长帮助这些注意力障碍儿童的重点在于针对他们缺乏计划性的特点来进行训练。简单地说就是建议孩子用"规律"来建设自己的生活。就像银行的自动转存系统，不需要每次仔细计算，到时间就会自动把该转账的钱扣除掉。这就是规律带来的好处。

所以帮助注意力障碍儿童建立学习生活中的计划和规律，是让他们更合理地安排学习生活的基础，具体可以参照以下步骤来实行：

①和孩子一起坐下来写出全部的问题。比如书包、写字台、书本、文具、卧室、厕所等方面存在的问题，要求把容易产生困扰的、影响孩子学习生活的每一个问题一一写清楚，以方便执行。

②针对每一个问题想一个可行的办法来解决，并取得孩子

的同意。

③用图画式的提醒来帮助孩子记起该在什么时候、什么场所做什么事。

④多多鼓励。这种鼓励不光是物质上的奖品，还可以是精神上的安慰、言语上的赞许，让孩子在每一个环节都清楚正确与不正确的界限。

⑤经常给孩子反馈。注意力障碍儿童常常不知道自己在做什么，我们不要等到孩子做错了事才说话，一定要有预见能力，在他可能出现破坏性活动之前就对他加以限制。

⑥尽量给孩子以责任。比如让孩子自己起床、自己写作业，没完成的作业本自己上交给老师，让孩子自己承担后果，而不是由家长代为受过。

⑦提供给孩子解决问题的思路。经常询问孩子需要什么，困难在哪里，协助他们思考处理问题的办法。也许在帮助的过程中，你就知道你的低姿态会让孩子得到怎样的勇气。

⑧记得一定要和孩子商量，不要和孩子的任性对抗。因为注意力障碍的儿童总是没有那么多耐心来等待某一个问题的解决，他们会更冲动、冒失、不计后果。

⑨帮助孩子制订学习计划，把每一个大计划分成若干小计划。家长要巧妙地给每一个小计划设定期限，这是最有效的办法，也许在小计划轻而易举地完成的过程中，大计划也就奇迹般地实现了。

⑩排出事情的重要顺序，根据所排的顺序一项一项地完成。

⑪让孩子读书时拿着一支笔,学会在书本上画重点,标注出关键字词,并且随时记下自己的问题,帮助自己集中注意力。

⑫使用有刺激性的工具,加深孩子对事物的印象。比如有的孩子依靠视觉更容易刺激记忆,你就可以让他用彩色铅笔标注出所要背诵的内容。

如何对待孩子过目就忘

一个博士爸爸找到我,先跟我讨论了学习能力的理论,又讨论孩子的智力与学习能力到底有何不同,最后道出他在儿子的记忆力问题上存在的困惑。平时他的儿子能听能说,从小背唐诗、儿歌可快了,听一两遍就能一字不漏地复述。上幼儿园时,老师也反映他儿子做游戏、上课听讲反应很快,总是第一个举手发言,作为家长,他也觉得很自豪。没想到上了小学,该识字了,反而遇上困难了,儿子对老师在黑板上画的画、写的字不善记忆,常常过目就忘。回家写作业,爸爸也发现了孩子在抄写时需要写一个字抬头看一下书本,写字速度明显比别人慢。爸爸看在眼里,急在心里,不知道儿子到底为什么会过目就忘。

在学习的过程中,孩子如果注意力不够好,就会直接影响记忆。可是记忆如果不够好的话,就会影响理解,所以在孩子的学习过程中,记忆是个非常重要的能力。

在某种程度上,我们可以把记忆比作一台正在工作的电脑。因为电脑首先需要把信息输入到计算机,就好像我们看到的东西作用于我们的感觉通道,输入是第一步;第二步是信息需要被储存；最后，储存下来的信息要能够被提取，我们在找这个信息时不需要一个一个地寻找，只要搜索关键词，这个信息就会被提取出来，这是第三步。

这样的信息处理方式就是我们大脑进行记忆工作的三步曲：

①译码：获得信息并加以处理和组合；

②储存：将组合整理过的信息进行永久记录；

③检索：将被储存的信息提取出来回应一些暗示与事件。

实际上，在孩子学习记忆的过程中，这三个信息处理方式都是同时在工作的，但又代表了孩子学习记忆过程中的不同阶段。

第一个阶段叫作感觉记忆阶段。它指外部的信息作用于我们的感觉通道，进入到我们的感觉系统。例如，我们在路上看到一辆车从马路上开过去，我们看到这辆车的信息是作用于我们的视觉，而我们的视觉一看到它可能是一个刺激的输入，但这个刺激的输入保存的时间是非常短暂的，如果我们的记忆系统没有进入到下一步的工作，它可能也就在我们的记忆中保持一到两秒钟，这就是第一个存储阶段。这说明感觉记忆被遗忘的速度是最快的，同时感觉记忆储存的容量是最少的。

第二个阶段叫作短时记忆阶段。我们在感觉记忆的过程中，有意注意和选择性注意在这时也要进行工作。在感觉记忆之后，我们从中选择出比较重要的信息送到短时记忆系统，当然如果这些临时储存的新信息没有马上被复述，它们也会很快被遗忘。因为短时记忆的容量是有限的，而且也是容易被遗忘的。短时记忆有时也叫作"工作记忆"，是一种对信息进行暂时加工和储存的容量有限的记忆系统。

第三个阶段叫作长时记忆阶段。被编码、被复述的信息送入到长时记忆系统就会被长久地保存下来。进入到短时记忆的信息要进行再加工，通过再加工，信息会被赋予意义和更多的重要性，它就会进入到我们的记忆系统，得以长久地保存。也就是说不用担心孩子的脑子会学坏，有些老人说孩子记得东西太多，学得东西太多，会把脑子用坏了，这样的说法是很不科学的。长时记忆的容量几乎是无限的，不存在超载的问题。长时记忆有一个特点，就是长时记忆库中记忆的内容越多，孩子越能记住更多新的知识，也就是说长时记忆库里旧有的知识和信息越多，越有利于孩子理解和记忆更多新的知识点。因为它更容易被消化，更容易被赋予关联和意义，也就是更容易进一步地进入到长时记忆库中再记忆。能够很好地了解记忆的结构，对孩子记忆的培养会更有利。

这三个阶段的记忆各有不同的形式，感觉记忆和短时记忆多数是以声音、图像的形式来记忆和保存的。比如，感觉记忆是看的东西和听的声音，短时记忆也是，所以它们的容量是有限的，而且保持的时间会比较短，可是长时记忆的特点是根据信息的意义和重要性来保存，所以相对来说它保存的时间就会长些。举个例子，在孩子阅读的过程中，家长会发现，那些有标题的、有关键字提示的、有关键段落总结提醒的文章要比那些没有标题、没有关键字、没有关键段落提示的文章更容易让孩子记住，也就是说文章的意义和文章重要的部分已经被提取了，孩子更容易进入到对文章的理解和长时记忆阶段，记忆所需的时间会长，内容也容易被记住。

所以如果我们把短时记忆比作内存的话，那长时记忆就更像是硬盘。

短时记忆是有容量的，它不是无限的，短时记忆一般的容量是 7 个数字或 7 个字母，或说 7 个字节，最高也不会超过 9 个。但长时记忆的容量几乎是无限的，长时记忆有一个非常重要的功能，用专业术语来说叫再编码，其实就是把信息组块化。也就是说，如果在短时记忆上没有意义关联的数字和字母，仅仅是单一信息的话，那这种情况下我们只能记到 7 位。可是如果我们把它进行组块，把非常多的信息组合后，它的内容就有了意义，对于这种可记忆的信息量，我们的记忆容量就会很大。

> B U B I C S M B N A T A
> 对上面的字母进行组块变成：
> BUS　　IBM　　NBA　　CAT
> （巴士）（电脑公司）（美职篮）（猫）

在这个例子中，上面的这排英文字母之间没有任何关联，如果拿给孩子看，看完后让他记下来，那孩子很难记住这么多没有关联的字母。可是下面的一排字母已经被组块化，那它们就有了意义，每个组块代表一个字节，就会变成孩子的长时记忆。为了使这种短时记忆进入到长时记忆，或者使孩子记忆更多的东西，我们就要有意识地训练孩子进行记忆的组块和再编码的能力。孩子这方面的能力越强,那相对来说他的记忆力就会越好,记忆的容量就会越大。

记忆又根据感觉通道分为动作记忆、视觉记忆和听觉记忆。就像我们在前面看到的博士爸爸的儿子,他的听觉记忆很好,对所听到的信息能够很快记住并作出反应,但对于文字、符号、图形等视觉记忆却有困难,这导致他对所看到的信息过目就忘。

怎么办呢?我为这个困惑的爸爸提供了一些关于训练儿子记忆的建议:

①增强视觉效果的背诵

首先,鼓励孩子在记忆材料时出声地把内容背出来。注意要让孩子在平时多做提取信息的练习,比如当孩子读一篇文章时,让孩子不时地合上书,试着闭上眼睛假想刚才阅读的内容呈现在眼前,再逐一复述。实验表明,孩子使用这样的方式读书,对于视觉记忆有很好的效果。

②学会标注

标注就是指孩子在阅读材料或记忆材料的过程中,手里拿着笔在某些关键的词汇、重点的部分和段落处进行标注,这是种效率比较高的方法。因为当我们在做标注或标记的时候,其实已经有选择,视觉和动作记忆的配合会帮助孩子理解记忆内容,对孩子保持记忆来说是个很好的习惯。

③再编码

组块化叫再编码。如果孩子需要记住很多词汇,那么要让孩子对这些词汇进行组块,经过简单的组块之后,孩子记忆的容量就会变大，记忆的东西也会更多，而且经过分类和组织的信息更不容易因为受到干扰而被遗忘，因为经过自己再组织过的信息，记得也会更深刻。

④整体与部分相结合

如果是记忆短文章，记忆的知识量不是很大的情况下，要整体性记忆，让孩子把这篇文章整体读一遍，然后通过背诵、整合性复述把它记下来。但如果文章比较长，或者要记忆的材料很多，那就需要有选择地进行部分记忆，最后连成一片效果最好。比如，将一本书的内容通过章和节分成比较小的部分，这样孩子就可以一个部分一个部分地来学习，孩子在学习一篇文章时也可以具体地分成一个段落一个段落地学，最后连成一片。我们把这种方法叫作渐进式的学习方法，就好像学一首歌，第一段学完了学第二段，第二段学完了把第一段和第二段连起来再唱一遍，第三段学会了再把前面的两段加起来再唱。渐进式的学习方法也叫作整体与部分相结合的记忆法。

⑤运用位置记忆

在我小时候，像政治、历史等很多都是需要记忆、背诵的。我在背这些材料的时候，经常会闭上眼睛尽力去回忆这个朝代的事情或者回忆这个知识点是在书的哪一页，它的前面一页大致讲什么，后面一页讲什么，它的具体位置是在哪里，记得是在书的左下方，左下方有一个什么样的故事，或者说的是什么朝代，或者讲了什么观点。这就是充分发挥位置记忆的效能，能够让孩子通过位置的线索把内容尽可能记住。

⑥**找记忆线索**

在读一篇文章或一篇知识材料时，让孩子形成自己的记忆线索。比如，孩子要记一个单词，那这个单词和什么有联系，与这个单词有联系的事物都可作为提示，这个就是记忆线索。运用记忆线索的办法会让孩子感觉到趣味性，也能更容易地记住需要记忆的信息。

⑦**过度记忆**

这个是老师和家长一直或经常在用的。当一篇文章或一个科目学完之后，还要让孩子拼命地做练习，这其实也是一种记忆的方法，这种方法也能够促进孩子把知识要点记得更牢。但这种不断重复的方法对于孩子来讲是不太容易接受的，所以这种方式并不值得提倡。我建议即使是过度学习记忆，最好也能够让孩子在不断的重复过程中发现新的刺激，然后进行更完整的整合性记忆。

⑧**间隔记忆**

在孩子学习过程中注意让孩子劳逸结合，适当地休息后再接着学习。相比集中学习来说，间隔学习会让孩子的注意力更集中，精力更充沛。那间隔时间多长为好呢？一般来说记忆20分钟之后有个小休息，然后再记20分钟，再小休息，这样的话，孩子不容易感觉到枯燥和疲劳。如果从孩子一学期来考量的话，一个学期里他的学习也应该是有紧张、有放松的，这就需要和孩子一起制订一个学习计划表，有针对性地在一个星期或一个月安排一次放松活动。

以上几种记忆方法，或说记忆策略，都需要我们在日常辅导孩子学习的过程中、日常生活中，多观察、多训练孩子，这样才能让孩子掌握好的记忆方法。

　　当然，在培养孩子记忆能力的过程中，家长还应该记住很重要的一点：<u>要保证孩子的睡眠</u>。睡眠充足是孩子进行有效学习的一个很重要的生理保障。如果睡眠质量不好或睡眠不足，那孩子的注意力就很难集中，记忆效率也会很差，这是被大量的研究证明过的。

如何对待孩子考试焦虑

考试焦虑是孩子在学习中常见的一种现象。比如孩子经常向你抱怨"考试前几天就总睡不着""一进教室就想上厕所"等等情况,那就表明他很可能正在经受焦虑情绪的影响。

心理学家们对考试焦虑的定义众说纷纭,但是总的来说,考试焦虑不外乎有三个组成部分:

①消极的自我评价或别人评价造成的意识;

②反常的情绪反应以及多汗、呼吸急促、尿频、头痛、失眠等生理反应;

③出现逃避、防御等行为。

考试焦虑存在的外部客观因素是考试情境,内在因素则存在于个人的气质性格、认知意识、知识经验、心理承受能力和生理成熟上的差异。

也就是说,同样的一个考试情境放在甲身上不会有什么问题,可是在乙身上却可能会引起考试焦虑。

那么,考试焦虑对学习的影响有多大呢?

国外的两名心理学家肯尼迪·希尔(Kennedy T. Hill)和

西摩·萨拉森（Seymour B. Sarason）在对小学生的考试焦虑和学习成绩关系的研究中发现：

在整个小学阶段，学生的考试焦虑与学习成绩之间存在一种负向关系，也就是说，考试焦虑程度越高，学习成绩越差。另外，考试焦虑对不同类型学科学习的影响也不同。一般来讲，学习材料越复杂、需要的抽象思维程度越高，所受考试焦虑干扰的可能性就越大。

如何针对孩子的考试焦虑进行比较科学的干预呢？我们为家长朋友准备了一些"备用小处方"：

（1）针对考试焦虑中消极的自我意识

建议孩子进行自信训练，通过正常的情感自我表达，扭转他们消极的自我意识，进而削弱考试焦虑的情绪。具体做法如下：

第一，把潜意识里的消极情绪在一张白纸上逐条写下来。

通常考试焦虑的学生往往察觉不到自己消极的自我意识，这样我们就很难对他们进行进一步的协助。要改变这种情况的最好办法，就是教会他们更清楚地体验到自己的那些不恰当的忧虑，比如自己在临考前生理上的变化，对考试结果可能引发的后果的担忧等。把这些朦朦胧胧的潜意识焦虑上升到意识的水平上来，这是非常重要的第一步。

第二，学会挑战消极的自我意识。

让孩子在自己已列出的考试焦虑和担忧的清单中，逐条地进行自我辩论，如"我的担忧有必要吗？""我真的需要上厕所吗？"等。类似的自我质疑，可以帮助孩子进行换位思考，阐述不恰当的担忧将会给自己带来的危害，明确应该抱有的正确态度和认识。

（2）针对考试焦虑所伴随的生理反应和消极行为因素

建议孩子进行放松训练，通过循序交替收缩或放松自己的骨骼肌群，细心体验自己肌肉的松紧程度，最终达到缓解紧张和焦虑状态的目标。具体做法如下：

——选择合适的训练时间。临睡觉前或饭后一小时是比较理想的训练时间。

——找一处安静的、无人打扰的地方，选择一把舒适的椅子或一张床放松地躺下。

——选择一种对自己来说最舒服的姿势，准备开始。

——注意从脚趾肌肉放松开始，逐渐过渡到面部肌肉放松结束。每一过程大约持续10~15秒钟。初期最好在专业人员的指导下进行，这样效果会比较有保证。

（3）创造良好的外部环境

家长在协助孩子克服考试焦虑的过程中，也需要为孩子舒缓焦虑创造良好的外部环境：

——家长应该适当降低对孩子的期望，过高的期望有时会让孩子无所适从，不利于孩子形成比较恰当的自我评价。

——家长对孩子的考试结果不要过分紧张，不要让孩子在心目中把考试成绩当成一种奖惩的评判标准,那样的话会让孩子形成对考试目的的错误认识。

——平时多督促孩子复习,不要在考试前"临时抱佛脚",要让孩子有备无患地迎接考试。

Chapter Four
第四章
家庭教育的积极作用

家庭教育的基本原则
解读不同的家庭教育方式

家庭教育的基本原则

在我们的现实生活中，不少父母仍然扮演着知识传递者的角色，比如他们会强调孩子的背诵、默写等技能，孩子只顾牢记资料来应付考试，可是对于内容却未必有真正深入的理解。这些技能无疑也是学习方法，也会使孩子掌握很多学习的内容，但是孩子通常会认为这种学习方式很沉闷。所以怎样多费些心思来改进孩子的学习方式，就成为父母和老师在教育上所遇到的新的挑战。

（1）当孩子的朋友

小康这几天很紧张，因为学校过两天又要开家长会了。他知道在家长会上老师一定会把最近考试的成绩进行排名，他的成绩不太好，所以担心妈妈参加家长会后会很生气。

小康的妈妈最近几天也发现，这孩子总是很沮丧，连晚上睡觉都不像过去那样躺下就睡着，常常是翻来覆去的。"一定是有什么心事。"妈妈想。

在众多普通家庭中，像小康和妈妈这样相互揣摩的情形经常出现。很多家长的看法是：当孩子情绪消沉时不要理他，过一段时间自然就好了。这是不正确的。孩子的消极情绪如果没有得到很好的解决，问题就会越积越多，这对孩子未来的发展会产生不利的影响，尤其是这种情绪往往会对孩子的学习起到阻碍作用。

法国的心理学家曾经做过一个追踪实验，结果发现：当在同样的学习任务上遭遇偶然的挫折时，学习优秀的孩子更容易受到鼓舞，从而会激发出"下一次我一定会做得比这次好"的学习动机；而学习困难的孩子则容易产生自卑感或者厌学情绪。从这个实验我们可以了解到孩子的情绪对于学习的影响。

那么，如果我们是小康的妈妈，我们应该怎么做呢？

①识别孩子的情绪

我们应当对小康在细微动作上所表现出的不安情绪保持敏感，及时发现并找出他情绪不安发生最频繁的时间和场所，反思当时孩子的反应如何，自己的态度怎样。

②拉近与孩子的内心距离

我们应当抓住机会鼓励孩子把内心的焦虑和不安说出来。这时候我们要抱着同理心来倾听孩子的感受，具体地说就是设身处地地站在孩子的立场和角度去感受孩子的体验，并且对这种感受加以肯定。

很多家长容易出现与孩子对立的情绪，主要原因就在于他们对孩子的情感表达没有进行充分的聆听，并且轻易地对其加以评价。

③学会"情绪辅导"

"情绪辅导"是一门艺术,父母应当从观念及做法上学会一些行之有效的方法和策略:

——了解情绪本身没有好坏对错之分,它只是孩子对发生在自己周围事件的自然反应;

——擅于体验自己的情绪,有时候是由于自己情绪上的烦躁而把怒气撒在孩子身上;

——了解孩子的感受,从孩子的感受出发,接纳孩子当时的情绪;

——鼓励孩子表达情绪并耐心地倾听,不要轻易地进行评价;

——协助孩子用合适的词语来描述情绪。有研究表明,在描述情绪的过程中,人的神经系统会得到安抚,能够使人从不安中恢复过来。

④与孩子一起解决问题

在倾听了小康的诉说,并帮助他了解自己的情绪后,我们应当协助孩子客观、理性地来思考问题。比如通过讨论来制订行为管理表格,列举出哪些是适当的、有利于改进不良情绪的行为,哪些是不被认可的、做了只会使事情更糟的行为,并在各种可选择的行为方案中,让孩子自己作决定。

以上就是我们为小康的妈妈和小康提出的辅导方案。

当然有关学习时的情绪问题多种多样,比如恐惧、自卑、厌恶等,但是没有关系,父母们只要真正把自己当成孩子的朋友,给孩子以更多的情感上的慰藉，就能使他们在面对学习困难时学会处理自己的情绪，掌握绕开情绪"陷阱"的方法，从而获得学习上的自信心。

（2）让孩子保持学习兴趣

孩子从出生开始每天都在学习各种技能，从简单的动作到站立、行走、说话，无一不是通过不断的学习而得来的，因此学习是我们人类发育发展过程中非常重要的部分。由于发育发展的需要，学习具有了极强的动力。孩子在学习基本生活技能时往往锲而不舍，比如当练习走路时，孩子因为步伐不稳经常会跌倒在地上，但是他会很快地站起来，重新行走。正是这种不可遏制的冲动推动着孩子不断地尝试学习。

可是为什么孩子的这种屡败屡战、绝不气馁的精神却在学习知识的活动上发生变化，出现厌学、害怕困难等问题呢？其实答案就藏在我们的教育方法和对孩子的了解之中。

美国教育专家爱德华·德西（Edward Deci）和他的同事曾对600多名四至六年级的学生进行了跟踪观察，最后他们发现老师的教学模式和学生的内在学习动机之间有着极强的联系。

对学生的学习控制越严的老师，他们的学生对学习就越缺乏内在的动力，这些孩子倾向于逃避挑战，宁愿选择那些熟悉的学习材料，并且喜欢依靠老师的指导；而越是允许孩子自主学习的老师，他们的学生对学习就越有内在的动力，这些孩子更愿意接受挑战，对新鲜事物更有好奇心，也更喜欢尝试自己独立地解决问题。

这项研究的结果在美国教育界引起了极大的反响,它促使很多老师改变了自己的教学方式。比如在过去,老师总是更多地强调学生被动地遵从老师的指导,老师常常先决定哪一些是正确的学习方法,然后让学生根据这些方法进行学习,如果学生不肯遵从,便会受罚。而现在,更多的老师会注意激发学生自主学习愿望的重要性,不会硬性地将教学内容和进度强加给学生,这时候学生成了学习的主体,而老师则是起着学习引导者的作用。

(3)了解孩子的学习类型

秦勇是个沉默寡言的孩子。他最喜欢摆弄计算机、电子设备,但凡与机械操作有关的活动他都有极强烈的兴趣。可是他不喜欢上学,他觉得让他坐在课堂上听老师絮絮叨叨地讲课是件非常痛苦的事情,他更希望老师能够把讲课变成做实验,或者看图片。

若兰很喜欢音乐,从小她就能跟随电视或音响里的音乐手舞足蹈,而且节奏感极强。她的妈妈说:"这孩子比别的孩子说话早,而且经常会说出让大人都惊讶的词语来。"若兰有着丰富的词汇,她喜欢与人交流,不管是在学校还是在家里。但是她同样害怕上学,因为她总是不能按时完成作业,她很担心老师会罚她抄写二三十遍。她认为自己是一个笨孩子。

刘洋从小就很聪明,看过的东西记得很牢,但是他更擅长

"打打闹闹"。他的爸爸总说:"这孩子安静不下来。"刘洋自己也很烦恼:"上课时我也很想认真听讲,可盯着老师一会儿就累了,实在控制不住。"

三个孩子的父母都很烦恼,他们都坚信自己的孩子不笨,但是孩子的学习现状却让他们困扰不已。

其实心理学家早就告诉过我们,每个孩子都有着不同的个性、爱好以及适合自己的学习方式。

在孩子的学习通道中,最主要的有三个部分:视觉的、听觉的和运动的,所以我们把侧重于这三个通道的学习方式分别称为视觉型、听觉型和运动型的学习类型。这样划分不等于说孩子光是用视觉、听觉或者运动这些单一通道进行学习,而是说这个孩子的某一个感觉通道比其他的感觉通道更容易协调并影响学习。

发现孩子的学习能力优势以及他们独特的学习方式,可以让孩子更容易在学习过程中看到希望,更了解自己的问题,以便于他们在学习上取得成功。

确定孩子学习类型的目的,不是要给孩子贴上标签,将其归于某一类型进行单一的传授,而是要了解他的才能和特点,从而使他在成长与学习的过程中扬长避短,更快地进步。

针对不同学习类型的孩子,我们要给予他们怎样相应的辅导策略呢?

①视觉型

秦勇就是一个视觉型的孩子。

这类孩子观察力敏锐。在小的时候，他们就经常会发现成人或同龄的孩子没有注意到的东西，他们很早就能认识颜色，喜欢玩拼图游戏，长时间画画也不觉得厌烦。在哭闹的时候，一看见父母的脸或者心爱的玩具，他们就会很快地平静下来。

这类孩子不大喜欢用言语来表达自己的思想，但有着极强的想象力和视觉注意力。他们会很快地把自己的玩具和书本整理好，并且能把看到的东西画出来。这类孩子的动手能力很强，喜欢拆拼或者组装玩具和零件。

——和孩子一起制订一份有规律的活动计划，并且把不同时间需要做的事情用不同的颜色标注出来。比如吃饭的时间用红色，写作业的时间用黄色，游戏的时间用绿色，使他能够清楚地获得提示，合理地安排自己的学习生活；

——给孩子提供一个安静的学习环境和一张整洁的书桌，使他能够集中注意力；

——在孩子记忆某些概念或知识要点时，可以让他闭上眼睛，想象用图画或者实物形象来与之产生关联，以提高记忆效率；

——当孩子阅读时，可以让他边读边做笔记，因为做笔记是视觉型孩子的强项；

——可以用卡片来帮助孩子学习，比如为不同的科目或不同的目的制作不同的卡片，以便随时查阅；

——多用提纲或图表帮助孩子预习或者复习，因为视觉型的孩子有较强的构图能力，而且这种方法能促进孩子左右脑的运用，因此可以加深孩子对所学知识的理解；

——多通过使用计算机或者操作实验来帮助孩子更好地理解知识要点,这样做还能增强孩子的学习兴趣。

②**听觉型**

若兰是个典型的听觉型的孩子。

这类孩子的口语表达能力极强。他们从小就喜欢听或讲故事,听课容易记住;对父母的口头指示能迅速反应,不用父母一遍遍地重复;喜欢音乐、戏剧以及有表现力的活动。如果要求他们用语言把作业报告出来,那将是他们觉得最快乐的学习方式。

听觉型的孩子往往会因听觉过于灵敏而容易分散注意力,或者因为上课时喜欢讲话而受到批评和责备。

——可以利用有节奏和韵律的儿歌或者诗词帮助他们更快地记忆;

——大声朗读有助于听觉型孩子更好地理解概念;

——组成学习小组,在小组中他们可以通过交谈、讨论、朗读等方法来促进学习;

——提供一个相对安静的学习场所,以便帮助孩子集中注意力;

——让孩子把思考过程用语言报告出来,这有助于他们理清思路,自动纠正错误的理解;

——让孩子把学习中碰到的问题用录音机录下来,并在每个问题的后面留出一段时间,然后边重放边让孩子自己回答,这种方式可以充分地利用听觉型孩子喜欢听、愿意说的特点进行有效的学习；

——多用鼓励性的语言激励孩子的学习热情，因为听觉型的孩子对于语言的感受性是非常强烈的，对他说过的话很容易变成他内心的自我激励或者压力。

③运动型

刘洋其实是个运动型的孩子。

这类孩子好"动"，他们总是喜欢把自己的身体融入到学习活动中来。对他们来说，"做"永远比"听"和"看"来得更快、更容易。

他们往往在运动协调性上表现优异，喜欢节奏感强、技巧高的活动，很快就能把某项技巧学得有模有样；他们擅长用具体的事物和操作当作学习工具，通过接触和实验来掌握或理解所学的知识。

通常，这类孩子有着很强烈的好奇心，富有创造性，喜欢联想，总是跳跃性地思考很多问题。然而正是由于他们充沛的精力、强烈的好奇心、手脚不停的动作，使他们很容易被扣上"多动症"的帽子。

——理解他们不是天生的"破坏者"，许多行为只是他们想要积极学习的表现而已；

——多用实物来帮助孩子记忆所学的知识，让孩子感觉到在"玩中学、做中学"的无限乐趣；

——准备一块大黑板，让孩子在上面写、画，以便帮助他把所接受的信息以动作的形式储存起来；

——让孩子当老师，给全家人上课，有研究表明，当一个人把信息传达给别人时，他自己可以保存90%以上的内容；

——让孩子在活动过程中进行学习，比如一边收拾玩具一边练习数学计算，一边整理衣服一边学习相同和不同的概念等；

——让孩子在阅读过程中停下并向他提问："猜猜下面会发生什么事？"以此来发挥孩子想象力丰富的特点，发展他的思维能力；

——对孩子多用手势语言，有研究证明，手势语言有助于孩子关注和理解你所说的内容；

——对孩子的鼓励不要光停留在眼神和语言上，最好给他一个拥抱，因为运动型的孩子往往更喜欢感受大人的爱抚。

（4）为孩子营造恰当的学习环境

学习与学习环境有着极其密切的关系。如果学习环境与孩子的学习之间有比较恰当的交互作用，那么它就能够很好地提升学习效果；反之，非但达不到应有的效果，还会起到相反的作用。

专家把不恰当的学习环境分为三种类型：刺激过少型、刺激过多型和绝对要求型。

①刺激过少型

这种环境对孩子几乎没有什么刺激，比如单调的活动、极少的交流、呆板的教学方法，这些很难激起他们的学习动机或者学习兴趣。这样的学习环境使孩子只能利用过去所获得的能力来应付，新的能力很难建立。如果这种状况长期持续下去，孩子的学习领域就很难拓展。

②刺激过多型

这种环境超越了孩子的能力或者技能。例如，早期教育开发理念现在越来越深入人心，很多年轻的父母由于害怕孩子的能力从小没有被充分开发，长大以后会失去竞争力，所以就给孩子安排了大量的额外的技能训练，如外语、美术、舞蹈、钢琴等。

其实，这种学习环境对孩子的学习不会起促进作用反而起着一种抑制作用。在这样的学习环境里，虽然孩子会产生学习的行为，但是往往不能达到理想的效果。有时孩子为了适应这种被动的环境，会想出种种借口甚至"撒谎"来逃避成人强加给他的任务。很多父母都有过类似的苦恼。

③绝对要求型

这种环境就是采取强迫、绝对的教育方式，让孩子长期处在过高的要求下，手足无措，不知道该从何下手。

孩子的学习主动性是需要在日常学习生活中逐渐培养的，所以当他们陷入完全被迫、力不从心的境地时，他们不仅无法学到新的能力，甚至连过去已掌握的技能也会变得不确定。在现实生活中，我们会经常看见有一些孩子从来不敢自己作决定，每当他们在回答一个问题之前，总是希望能够从父母那边得到指导和肯定，完全失去了自己对于某个事物的了解意愿。

以上三种不恰当的学习环境从反面告诉我们，<u>只有爱护和保持孩子对新鲜事物的好奇心和深入探究的欲望，创造适合孩</u>

子的学习环境，才能帮助孩子发展出良好的学习能力。

具体来说，要给孩子营造一个恰当的学习环境，父母们可以从以下几个方面着手。

①**保证孩子的身体健康**

根据一项有关孩子是否吃早餐的调查发现，有三分之一以上的孩子不吃早餐就赶往学校上课，有三分之二的孩子胡乱塞几口食物就坚持半天的课程。而这些孩子在上课时往往会出现注意力不集中、易疲劳、记忆力下降等不良状况。久而久之，孩子的身体健康就会出现问题，长期的营养不良还会导致智能发展不够充分。所以充足的营养和健康的身体，是孩子能够精力百倍地投入到学习生活中去的根本保证。

②**关注孩子的心理活动**

学习是需要孩子投入很大精力的一项活动，它要求孩子保持适度的紧张感，以利于他们发挥自己的潜力。而过度的紧张和焦虑又往往适得其反。

父母对孩子的心理活动需要更加敏感一些。比如，当看见孩子愁眉苦脸、坐立不安的时候，你可以问一问孩子："你有什么心事，可以告诉妈妈吗？或许我能给你一些帮助。"通过这种朋友式的交流来帮助孩子释放内心的积虑，消除精神压力，从而使他以一种轻松的心情投入到今后的学习生活中去。

③**了解孩子的学习特点**

法国著名作家巴尔扎克在写作时，一定要抽烟才能文思泉涌；爱因斯坦在研究相对论的过程中，喜欢边听音乐边思考问题；

鲁迅先生曾经在嘈杂的闹市中捧书默读……这些都说明，学习状态是非常私人化的，每个人需要的学习场所是不一样的。

父母们应当好好观察一下孩子在什么样的环境中所获得的学习效果最好。比如有的孩子喜欢一边听音乐一边写作业，二者并不冲突；有的孩子喜欢在阳台读书，因为这样可以让他感到松弛，有利于他记忆书中的内容；还有的孩子则需要相对安静的学习环境，否则他就无法集中精力。

学习的特点在每个孩子身上的体现是如此不同，所以，当父母们了解到这种差异后，就应该努力为他们营造一个最适合的学习环境，帮助他们更有效地学习。

④让孩子拥有选择权

被动、单调的教育要求，容易使孩子放弃学习的愿望。假如孩子失去了学习的动力，变得厌学，那么提高孩子动机水平的任务就会变得更加艰巨。因此，让孩子在学习及学习方式上拥有广泛的自由选择权就显得极其重要。

当一个孩子能够作出更多选择的时候，他就会认识到适合自己的学习机会随之增加，就会更容易增强由学习所带来的对自我的肯定。强化了内在的动机和责任感，孩子也就不需要家长整天跟在后面督促了。

父母一定要给予孩子更多的自由度，不要把焦点集中在孩子必须怎样学习这个问题上。父母可以和孩子一起做一些更容易完成的学习任务，尽量回避困难的活动。在孩子经过自己的努力取得成功之后，父母一定要给予鼓励，让孩子从内心产生价值感和能力感。

行为主义心理学家认为，人们的行为会由能力感唤起，有能力就想克服困难。而面对不可能克服的困难时，人们会感到强烈的不安，并设法回避它。这时候内在的动力就非常重要，这个内在的动力就是能否保持自由选择和决定的权利。

当一个人在面对困难时能够有更广泛的选择，他无疑就会朝希望所在的方向努力。这就是消除孩子厌学情绪的良方。

解读不同的家庭教育方式

心理学家把家长的教育态度和教育方式分为三种类型：严厉型、放任型和权威型。

（1）严厉型

在这种家庭里，家长往往不考虑孩子的要求，而以传统的家长制作风要求孩子绝对服从，孩子没有表达意愿的机会，亲子之间严重缺乏沟通。

在这种管束严厉的教育氛围里长大的孩子往往会向两个极端发展——要么是特别懦弱、没有主见、依赖感强，要么是特别不服管教，刻意和别人"拧着来"。这两种孩子都没有学会适当地表达自己意见和要求的方法。

（2）放任型

放任型家长的教育方式与前者正好相反，往往会出现两种教育孩子的态度——一种是过度溺爱、保护，对孩子的事情事无巨细一概包办，没有给孩子提供动手学习的机会；一种是放任自流，对孩子的行为听之任之，认为自己无法对孩子的成长负责，或者觉得孩子年龄还小，长大后自然而然就会了。

在这两种教育方法下长大的孩子往往不知道如何适时适度地控制自己的欲望，要求永无止境，不遵守社会的行为规范，凡事总是站在自己的立场上考虑，缺乏同理心。

（3）权威型

权威型的家长能够和孩子在平等尊重的基础上相处和交流。他们会给孩子制订规则，同时也给孩子一定的自由。当孩子对某些事情作出选择后，他们会提出自己的意见或看法，但并不强求孩子绝对服从。他们更多地会用协商的方式与孩子沟通。

在这种教育方式影响下，孩子往往更有主见，能够自己对事情作出判断和决定，独立性较强。他们善于与人沟通，敢于表达自己的情绪和意见，并具有一定的自律能力，能积极地适应社会。

从上面三种类型的家长及其孩子的成长特点中，我们可以看出，权威型家长的教育方式是比较理想的。

另外，我们还应该认识到，对孩子来说，同一种表现所产生的原因往往是不同的，问题的侧重点也不一样，因此我们的教育方式应该是灵活多样的。下面的两个案例就很能说明问题。

伶俐的欣华

欣华是个聪明伶俐的孩子，开始训练时，她很不合作。

在与家长的交流中我们得知，欣华家三代同堂。她深受老人的喜欢，平常很少有人约束她，常常是她想怎样就怎样，因此她逐渐形成了任性、倔犟、自以为是等性格特点。在学校里，欣华常常因此受到老师的批评。这使她对老师产生了抵触情绪，对别人的教育总是一副满不在乎的样子。

记得有一次训练时，我发现她的手指头由于脱皮干裂得很厉害。我要给她抹点儿滋润的护手霜，她却再三说："不用不用，无所谓，这一点儿算什么。"可我还是坚持给她抹了。在抹护手霜时，我发现她的表情好像很不好意思，而且之后的那次训练她也很配合。这件事情让我明白她并不是不喜欢别人关心她，而是真正理解她的细腻的关心太少了。

因此，我在给她做训练时，总是先让她自己选择项目，并以和蔼的态度与她交谈，了解她的动机，倾听她的心里话，与她建立真诚的朋友关系，然后再慢慢地培养她听取别人意见的意识，引导她按我制订的个性化方案有步骤地进行。

由于视动协调训练多是动手的安静性活动，而欣华又是个性急的孩子，所以开始时训练进度偏慢，她常因完不成而满腹牢骚。为此，我灵活地运用了行为矫正技术，注意及时给予她正面的强化，耐心安慰她，为她的良好行为确立短小目标，有步骤地忽视她的不当行为。训练就这样一点儿一点儿地进行着。

通过一段时间的训练，欣华在完成项目能力增强的同时，耐心和毅力也被慢慢地培养起来。当这些能力被她自己认可之后，欣华的社会意识提高了，并能以正确的方式表达自尊心和上进心。

6个月的训练结束了。以前那个对什么事情都满不在乎、爱顶嘴的小女孩变得安静了；在家里她不再动辄就满地打滚了；学校老师也说她不像以前那么随便乱说话了，还能举手回答问题，作业本也干净多了……再看欣华的妈妈，她早已眉开眼笑了！

聪明的小雨

小雨是个聪明的男孩，今年8岁。他同欣华一样视动协调能力偏弱，具体表现为写字慢，常丢字、漏字。他非常善于表达，常常给人一种滑头滑脑的印象。在日常生活中，他挺能"狡辩"的，凡事都能为自己开脱。在课堂上，他经常哗众取宠，影响全班的教学秩序。总之，大家都认为他是个毫无上进心的孩子。

我通过了解得知，小雨很小就会用电池和灯泡自制电灯，父母也认为他极其聪慧，所以平时很少约束他。没有要求和规则，妈妈对他的教育也是随心所欲，这让小雨养成了自大、自私的个性品质。另外，由于小雨小时候体质差，申请了免体，所以他从小就缺乏感觉运动方面的锻炼。

我们知道，体能是孩子从事一切活动的基础，注意力集中和良好的自我控制能力都与体能密不可分。而且体育活动还是培养孩子竞争、规则和超越意识的好机会，由于免体，小雨丧失了很多获得这些成长路上必备素质的锻炼机会。

于是，小雨的训练就以体能训练为根本，以视动协调训练为主要内容，并且，在教法和态度上讲究灵活变化。比如对他的训练总是规则先行，在他与我讨价还价时，我会依据他的表现和承受力给予接受或拒绝。针对他表达能力强又愿意表现自己的特点，我也时常指派他充当小老师的角色，使他在集体活动中培养自我约束的意识。

很快，训练成效就在他身上得到了体现：在训练中，小雨有了规则意识，能遵从集体的规范行事；在学校，他的组织纪律性也有了明显的进步，作业工整多了，做事情时也有了积极争取的意识。我坚信随着他各方面能力的提高，他进步的空间还很大。

"天下无不是的孩子，只有不是的教育者。"如果我们多从自身去寻找问题的根源，多注意给孩子一个良好的教育环境和科学的教育态度，我相信每一个孩子都将是父母、老师眼中的好孩子。上面的两个孩子之所以会出现这样那样的问题，除了孩子自身的能力发展因素之外，我们可以看到家庭教育环境也是关键的影响因素。

所以，对于家庭教育来说，提供一个协助孩子独立自主地进行决策的氛围，是帮助孩子真正形成积极主动的学习风格的必由之路。

这里还有一则真实的故事，每一位家长从故事中的母亲身上都能得到或多或少的启发。也许这种态度和方法正是我们努力的目标。

家长会的故事

一位母亲第一次参加家长会。幼儿园的老师说："你的儿子有多动症，在板凳上坐3分钟都坐不住。"

回家的路上，儿子问她，老师都说了些什么，她鼻子一酸，差点儿流下泪来。然而，她却告诉儿子："老师表扬你了。说你原来在板凳上坐不了1分钟，现在能坐3分钟了。别的家长都非常羡慕妈妈，因为全班只有你进步了。"那天晚上，儿子破天荒地吃了两碗饭，并且没让她喂。

孩子上小学了。在一次家长会上，老师对她说："全班50名同学，这次数学考试，你儿子排第49名。我们怀疑他智力上有点儿障碍，您最好带他去医院查一查。"

回去的路上，她流下了泪。但是，当回到家里看到诚惶诚恐的儿子时，她又振作起精神说："老师对你充满信心。她说了，你并不是个笨孩子，只要能细心些，肯定会超过你的同桌。"说这话时，她发现，儿子暗淡的眼神一下子亮了起来，沮丧的脸也一下子舒展开来了。第二天上学，儿子比平时去得都要早。

孩子初中快毕业时，又是一次家长会。老师告诉她："按你儿子现在的成绩，考重点中学有点儿危险。"

她惊喜地走出校门，告诉儿子："班主任对你非常满意。他说了，只要努力，你很有希望考上重点中学。"

高考后的一天，儿子把一封印有清华大学招生办公室的特快专递交到她的手里，边哭边说："妈妈，我一直都知道我不是一个聪明的孩子，是您……"这时，她再也按捺不住十几年来强忍的泪水，任它们落在手中的那个信封上。

如果需要总结的话，我们可以将理想的家庭教育方式归结为以下几点。

（1）尊重孩子的个性

尊重孩子与别人的不同之处；尊重孩子的决定；尊重孩子为达到目标所做的努力；尊重孩子为自己负责的态度；尊重孩子成长过程中的烦恼……尊重代表着父母不是站在高高的位置上俯视孩子的成长，而是与孩子一起感受和体验成长路上的风风雨雨，这会在孩子的心中播种下为自己负责、主动探索、体会成功的种子。

（2）善待他人

鼓励和引导孩子与伙伴交往，培养孩子健康的社会交往技能。让孩子意识到与同伴交往是自己成长的一个环节，能够处理好所出现的问题，是锻炼自己、体验成功的必经之路。同时，这也是培养孩子独立性的重要一环。

（3）鼓励探索和创新

我们希望孩子不是一个"两脚书橱"，而是一个能够拥有创造性思维的人；希望他们能够灵活地处理学习生活中的问题，使所学的知识得到最大限度的发挥。所以在家庭里，父母应该给孩子提供大量探索的机会，鼓励并肯定孩子对新事物的好奇心。当孩子对问题表达出自己的见解，以及想出解决方案的时候，父母首先应该肯定孩子的这种精神，然后通过和孩子探讨方案的可行性，来提高孩子解决问题的实际技能。

综上所述，家长在孩子学习能力的发展上所起的作用是极其巨大的。遵循科学的教育原则，掌握孩子的学习规律，强调孩子在学习活动中的主体地位，对孩子的学习兴趣、情绪加以有效的引导，帮助孩子在学习过程中掌握自主学习的方法，是有效开发孩子学习能力的重要手段。

Appendix

附录

Ⅰ. 学习类型自测问卷表
Ⅱ. 学习能力发展阶段的目标
Ⅲ. 家长教育方法测评表
Ⅳ. 12 岁以下儿童感统失调自测表

I. 学习类型自测问卷表

1. 为了较好地理解某些事物，我首先
　　A. 试试看。　　B. 深思熟虑。

2. 我办事喜欢
　　A. 讲究实际。　　B. 标新立异。

3. 当我回想以前做过的事，我的脑海中大多会出现
　　A. 一幅画面。　　B. 一些话语。

4. 我往往会
　　A. 明了事物的细节但不明其总体结构。
　　B. 明了事物的总体结构但不明其细节。

5. 在学习某些东西时，我不禁会
　　A. 谈论它。　　B. 思考它。

6. 如果我是一名教师，我比较喜欢教
　　A. 关于事实和实际情况的课程。
　　B. 关于思想和理论方面的课程。

7. 我比较偏爱的获取新信息的方式是

　　A. 图画、图解、图形及图像。
　　B. 书面指导和言语信息。

8. 一旦我了解了

　　A. 事物的所有部分，我就能把握其整体。
　　B. 事物的整体，我就知道其构成部分。

9. 在学习小组中遇到难题时，我通常会

　　A. 挺身而出，畅所欲言。　　B. 往后退让，倾听意见。

10. 我发现比较容易学习的是

　　A. 事实性内容。　　B. 概念性内容。

11. 在阅读一本带有许多插图的书时，我一般会

　　A. 仔细观察插图。　　B. 集中注意文字。

12. 当我解答数学题时，我常常

　　A. 思考如何一步一步求解。
　　B. 先看答案，然后设法得出解题步骤。

13. 在我参加的兴趣小组中

　　A. 我通常结识许多同学。　　B. 我认识的同学寥寥无几。

14. 在阅读非小说类作品时，我偏爱

　　A. 那些能告诉我新事实和教我怎么做的东西。
　　B. 那些能启发我思考的东西。

15. 我喜欢的教师是

    A. 在黑板上画许多图解的人。
    B. 花许多时间讲解的人。

16. 当我在分析故事或小说时

    A. 我想到各种情节并试图把它们结合起来去构想主题。
    B. 我读完后只知道主题是什么,然后我得回头去寻找有关情节。

17. 当我做家庭作业时,我比较喜欢

    A. 一开始就立即做解答。　　B. 首先设法理解题意。

18. 我比较喜欢

    A. 确定性的想法。　　B. 推论性的想法。

19. 我记得最牢的是

    A. 看到的东西。　　B. 听到的东西。

20. 我特别喜欢教师

    A. 向我条理分明地呈示材料。
    B. 先给我一个概貌,再将材料与其他论题相联系。

21. 我喜欢

    A. 在小组中学习。　　B. 独自学习。

22. 我更喜欢被认为是

    A. 对工作细节很仔细。　　B. 对工作很有创造力。

23. 当我要到一个新的地方去时，我喜欢

　　A. 要一幅地图。　　B. 要书面指南。

24. 我学习时

　　A. 总是按部就班，我相信只要努力，终有所得。
　　B. 我有时完全糊涂，然后恍然大悟。

25. 我办事时喜欢

　　A. 试试看。　　B. 想好再做。

26. 当我阅读趣闻时，我喜欢作者

　　A. 以开门见山的方式叙述。
　　B. 以新颖有趣的方式叙述。

27. 当我在上课时看到一幅图，我通常会清晰地记着

　　A. 那幅图。　　B. 教师对那幅图的解说。

28. 当我思考一大段信息资料时，我通常

　　A. 注意细节而忽视概貌。
　　B. 先了解概貌而后深入了解细节。

29. 我最容易记住

　　A. 我做过的事。　　B. 我想过的许多事。

30. 当我执行一项任务时，我喜欢

　　A. 掌握一种方法。　　B. 想出多种方法。

31. 当有人向我展示资料时,我喜欢

    A. 图表。　　B. 概括其结果的文字。

32. 当我写文章时,我通常

    A. 先思考和着手写文章的开头,然后循序渐进。
    B. 先思考和写作文章的不同部分,然后加以整理。

33. 当我必须参加小组合做课题时,我希望

    A. 大家首先"集思广益",人人贡献主意。
    B. 各人分头思考,然后集中起来比较各种想法。

34. 当我要赞扬他人时,我说他是

    A. 很敏感的。　　B. 想象力丰富的。

35. 当我在聚会时与人见过面,我通常会记得

    A. 他们的模样。　　B. 他们的自我介绍。

36. 当我学习新的科目时,我喜欢

    A. 全力以赴,尽量学得多学得好。
    B. 试图建立该科目与其他有关科目的联系。

37. 我通常被他人认为是

    A. 外向的。　　B. 保守的。

38. 我喜欢的课程内容主要是

    A. 具体材料(事实、数据)。　　B. 抽象材料(概念、理论)。

39. 在娱乐方面，我喜欢

A. 看电视。　　B. 看书。

40. 有些教师讲课时先给出一个提纲，这种提纲对我

A. 有一点儿帮助。　　B. 很有帮助。

41. 我认为只给合作的群体打一个整体分数的想法

A. 吸引我。　　B. 不吸引我。

42. 当我长时间地从事计算工作时

A. 我喜欢重复我的步骤并仔细地检查我的工作。
B. 我认为检查工作非常无聊，我是在逼迫自己这么干。

43. 我能画出我去过的地方

A. 很容易且相当精确。　　B. 很困难且没有许多细节。

44. 当在小组中解决问题时，我更可能是

A. 思考解决问题的步骤。
B. 思考可能的结果及其在更广泛的领域内的应用

把答案4个一组排下来，看每一列里A多还是B多，以此来判断你属于哪种学习类型。

第一列：A 多——活跃型　B 多——思考型

第二列：A 多——感悟型　B 多——直觉型

第三列：A 多——视觉型　B 多——言语型

第四列：A 多——序列型　B 多——综合型

四组类型分别代表知识的加工、感知、输入、理解。

1. 活跃型与思考型

活跃型学习者倾向于通过积极地做一些事——讨论或应用或解释给别人听——来掌握信息。而思考型学习者更喜欢首先安静地思考问题。

2. 感悟型与直觉型

感悟型学习者对细节很有耐心，很擅长记忆事实和做一些现成的工作。直觉型学习者更擅长于掌握新概念，比感悟型学习者更能理解抽象的数学公式。

3. 视觉型与言语型

视觉型学习者很擅长记住图片、图表、流程图、图像、影片和演示中的内容，言语型学习者更擅长从文字的和口头的解释中获取信息。

4. 序列型与综合型

序列型学习者倾向于按部就班地寻找答案，每一步都合乎逻辑地紧跟前一步。综合型学习者或许能更快地解决复杂问题。

Ⅱ. 学习能力发展阶段的目标

父母是孩子的第一任老师,对孩子来说,他带着天生的学习力而来,他向父母学习,学习所有的东西,他的大脑是高容度的智能容器,会把所有见到的、听到的、触摸到的全都存储起来。这些东西不是简单的记忆,而是需要经过孩子有意识地存储、处理和提取,才会成为专属于他的能力。

感觉运动能力发展目标

年龄	发展目标
3~5个月	进行简单的翻身动作
6~8个月	匍匐及爬行
11~15个月	迈步,开始独立行走
18个月	随音乐摇摆身体,出现投掷动作
24~36个月	上下爬楼梯,逐渐学会双脚互换,会抛、投、踢、接球
36~42个月	认识身体的各个部位,了解这些部位如何移动,到处走动而不会碰到别人
36~48个月	会模仿简单的动作,会跟随简单的口语指令顺序动作,会根据音乐的节拍走路

年龄	发展目标
48~60个月	能说出别人正在做的或者自己计划要做的动作,并能准确地重复曾做过的动作,能自己穿衣服
60~72个月	能协调地走、跑、双脚跳、单脚跳、并步跳、拍球、跳蹦床

知觉和知觉动作能力发展目标

年龄	发展目标
空间知觉	
3岁	开始辨别上下方位
4岁	开始辨别前后方位
5岁	开始学习以自身为中心辨别左右方位
6岁	能完全正确地辨别上下前后四个方位,但是以自身为中心的左右辨别尚未完全掌握
7~8岁	能辨别左右手和左右脚
9岁	能辨别左右空间方面的相对性
10~11岁	能完全掌握左右概念的相对性
记忆能力	
6~9岁	会运用重现的方法记忆材料,但不能用联想和分类记忆法
9岁以上	个别孩子能开始运用分类记忆法,大多数孩子会运用重现记忆法
时间概念	
3~6岁	对时间概念的知觉准确性和稳定性较差
7岁	开始能够利用时间标尺

年龄	发展目标
8岁	能够主动利用时间标尺,对时间知觉的准确性和稳定性接近成人

注:3~6岁儿童的记忆是迅速发展的,但是随着年龄的增长,发展速度随之递减。7~12岁儿童的记忆随着年龄的增长而显著提高,尤其短时记忆发展迅速,11岁以后主要是发展长时记忆,短时记忆在9岁时发展迅速。

语言文字符号运用能力发展目标

年龄	发展目标
3岁	掌握约1000个词汇,开始具备语言交往能力,能复述内容简单的故事,但语言不连贯,多重复,无层次
4岁	掌握约1730个词汇,对语言交往有极明显的主动性和积极性
5岁	掌握约2583个词汇,发音基本正确,讲述时内容较丰富,层次也较清楚,想象力也开始提升
6岁	掌握约3562个词汇,语言的质量明显提高,可以恰当地运用代词和助词

注:3~4岁是儿童词汇量迅速增长的阶段,4~5岁是儿童语言能力显著提高的阶段,6岁以后,儿童讲述的内容逐渐丰富,讲述层次也开始明显清晰。

逻辑思维和推理能力发展目标

年龄	发展目标
逻辑思维能力	
3~6岁	孩子逐渐地从不会对事物分类,发展到能够根据事物的功能进行分类,并且能用概括的词汇加以命名
6岁~10岁	思维的抽象成分开始逐渐增加,对事物的认识从外部特征转向认识事物的内部特征,因此可以说,简单的概念飞跃发生在5~6岁之间

年龄	发展目标
10~11岁	能理解较为复杂的概念
11~12岁	能够摆脱特殊事物的形象情节,而倾向于对事物的抽象本质特征的理解,具备命题推理和演绎推理的能力
13~14岁	孩子的思维推理能力相对成熟,逻辑思维更加成熟
数概念和运算能力	
3岁	能口数10以内数字
4岁	能在数后说出10个左右物体的总数
4~5岁	能进行实物加减
5岁以后	会进行数的组成
6岁半以后	能按数群进行口头加减
7~8岁	初步形成三位以内整数概念系统,可以逐步掌握三、四位数,孩子一般从二维空间去认知图形,能运用数概念解答简单的一步应用题
9~10岁	整数、小数概念系统处于巩固和形成的过程中,基本上能掌握万以上的整数,小数和分数的概念正在形成,这阶段儿童在数概念上容易产生混淆,逐步从二维空间向三维空间过渡来认识图形,并能在抽象思维水平上通过推理掌握简单概念
11~12岁	整数、分数、小数的系统逐步趋向统一,逐步形成三维空间观念,空间的想象力增强,可以解答立方体的体积等一类立体题目,由于抽象思维的发展开始能独立地发现问题和条件,从而解决一些复杂的、条件较隐蔽的应用题

Ⅲ. 家长教育方法测评表

下面的测评表选自英国著名教育家唐纳德·切尼希的著作《父母必读》。它可以帮助您了解自己在孩子教育方面的成败得失。

1. 您的儿子回到家里,您发现他刚与小朋友打过架,衣服被撕破了,双膝受了伤。您见到这种情景,会如何处理?

A. 您仔细查看孩子的伤处,然后给孩子洗脸。您批评他几句,但态度和蔼。

B. 您表现得焦虑不安,手忙脚乱,并决定以后不许他一个人到外边去玩。

C. 您怒气冲天,并且惩罚了孩子。

2. 您送给10岁的儿子一件他盼望已久的贵重礼物,几天后,您儿子双眼含泪地告诉您:"礼物丢了。"此时您作何反应?

A. 您安慰儿子,尽量使他不要为此事太难过。看着伤心哭泣的孩子,您的心里充满怜悯。

B. 您本想立即跑出去寻找，但一想已无济于事，只好作罢。您决心今后再也不给这种不懂事的孩子买贵重的礼物了。

C. 您惩罚了孩子，在责备他的话语中提到了丢失物品的价格。

3. 您9岁的儿子对您说："老师让您去学校一趟。"您如何看待这件事？

A. 您不了解发生了什么事，表现得镇静自若并表示，只要有可能，您一定去见老师。

B. 您设法要搞清楚儿子闯了什么祸，并警告他，只要听到老师告他的状，您将狠狠地教训他。

C. 您发怒，打算立即去见老师，您气得难以自持。

4. 您9岁的儿子期末考试有两门功课不及格。这对您来说是个打击，因为这孩子平时学习还可以。此时，您会采取什么态度？

A. 您很难过，但认为这并非不可救药。您决定在假期里给儿子补上这两门课。

B. 您弄不清发生这事该怪谁，是怪儿子不用功，还是儿子天生笨，或者怪罪于老师。

C. 您认为这是家丑，但不以为意，因为儿子的同学也有功课不及格，您以此自我安慰。

5. 您看到 9 岁的儿子在戏弄一只流浪猫。您如何对待此事?

A. 您很生气,并要求孩子立即停止这种恶作剧。

B. 您大惊小怪地拉着儿子离开猫,还说:"这万一是一只疯猫呢?"

C. 您无动于衷地走过去,并认为这种恶作剧对男孩子来说不足为怪。

6. 您发现 12 岁的儿子有香烟。您如何处理?

A. 您做出尚未发现他有香烟的样子,注意经常向孩子讲述吸烟的害处。

B. 您不重视这件事,也没采取任何措施,但当孩子干了另一件错事时,您向孩子提起吸烟的事。

C. 等待适当的时机,以便当场抓住儿子抽烟,再训斥他。

7. 您与丈夫吵架后气得难以自持,眼泪夺眶而出。此时儿子放学归来,他因得了好成绩情绪极好,一心想与您去看事先已经买好票的电影。您将如何做?

A. 您镇静下来,与儿子一道去看电影。

B. 您告诉儿子,身体不太舒服,电影改日再看。

C. 孩子的到来使您更加恼火,根本不想看电影。

8. 您儿子的 10 岁生日快到了，他已邀请小朋友来家做客，并急切地盼着那日的到来。但头一天您得知您久未见面的朋友也将在儿子生日那天来看望您。您将如何处理此事？

　　A. 您朋友的到来将不影响儿子生日的安排，您愉快地让客人们一起欢度这一天。

　　B. 您向儿子讲了上面的情况，并请求儿子改日再举行聚会。

　　C. 您干脆直接地告诉儿子，他的生日聚会改日再举行。

9. 您发现您钱包里有少量的钱丢失，而且证实是您那未成年的儿子拿走的。您如何处理？

　　A. 您不知所措，但表现理智。您决定首先弄清儿子要钱干什么，然后再采取措施。

　　B. 您没弄清事情的原委就惩罚了儿子。

　　C. 您恍然大悟：儿子是小偷。

10. 您 15 岁的儿子近来学习成绩下降，对老师不礼貌，您发现这是因为他在早恋。您如何处理此事？

　　A. 您联想到自己在儿子这个年龄时的情况，尽量理解他。

　　B. 您相信这种蠢事可以随着时间的流逝而过去。

　　C. "15 岁谈什么爱情？在没有消灭不及格和没有学会自制前，不许离开家一步！"您大发雷霆。

11. 您15岁的儿子与染有恶习的孩子来往，对学习漫不经心，当着您的面吸烟，时常在外喝酒。您将采取什么措施？

A. 您利用一切机会给儿子讲，他的行为对一个男子来说是不体面的，并真诚地让他相信，这种令人怀疑的友谊很快会结束。

B. 您认为这一切是因为儿子处在过渡年龄所致，今后家里的丑事将发生得更趋频繁。

C. 您开始逐渐相信您儿子是个流氓。

12. 您在与儿子进行不愉快的谈话时，忍不住打了他一巴掌，过后您意识到不应该打儿子。此时您如何处理？

A. 您请求儿子的原谅，保证今后会克制自己。

B. 您努力改正自己的过错，但并不准备向儿子道歉，您认为道歉会影响您的威信。

C. "是儿子引得我发火，这样做才像父母的样！"

13. 您回到家，在门口听到儿子与朋友在屋里谈他和女孩子接触中的想法。他说他对女孩子不那么严肃。您听后有何反应？

A. 您立即开门进屋。儿子的想法使您很难过。

B. 您暂时在门外听完谈话，然后走进屋里，对儿子说，考虑女朋友问题还为时过早。

C. 您装作没听见，但一旦有机会您将对儿子说："我知道你脑子里在想女朋友。"

14. 您 17 岁的儿子对您说:"您对现代生活一无所知。"您将作何反应?

A. 您不打算坚持己见,并准备与儿子以平等的身份讨论有关"现代生活"的问题。

B. 您听后很生气,并认为恰恰是您才清楚什么是"现代生活"。

C. "在儿子对我的无礼言行没有悔悟之前,我根本不想见他!"您很生气。

15. 您不满 18 岁的儿子宣称,两个月后他将结婚,而未来的儿媳您根本不认识。您如何回答他?

A. 您根本不打算劝阻他,您认为过一段时间一切都会正常的。

B. 您以迷惑不解和轻蔑的态度接受这一消息。

C. 您听后目瞪口呆,但恢复常态后,您脱口而出的话是:"除非等我死了!"

16. 您孩子的什么事情使您高兴?

A. 突然发现您的孩子在数学、绘画、体育等方面有特殊的天赋。

B. 在学校取得优秀成绩。

C. 在家里绝对听话。

17. 您孩子的什么事情会使您难过?

A. 在各方面表现平常。

B. 考试不及格。

C. 不听话。

18. 您认为一个人事事成功的保证是什么?

A. 特殊的意志力。

B. 健康的体魄。

C. 突出的智力。

19. 您认为一切失败的原因是什么?

A. 轻率。

B. 自信。

C. 太笨。

20. 您希望您的孩子长大成为一个什么样的人?

A. 善良的人。

B. 出色的专家。

C. 知名人士。

评分标准:

A：1分；B=2分；C=3分。

将您的总得分与下列各分数评价相对照，您可大致了解您教育子女的方法是否是成功的。

20～25分：您在孩子的教育方面非常成功，可以为他人提供很多经验；

25～30分：您在孩子的教育方面的做法基本正确，但是不要忘记，易激动有时是不利于教育的；

30～40分：您应重新审视一下您对孩子的看法是否正确，尽管您有时也可能会联想到自己年轻时的情况；

40～45分：您常常是不公正的，对孩子的教育和看法容易出现偏差；

45～55分：您可能不受孩子的喜爱，在对孩子的教育上您是失败的；

55～60分：当初您就不该生养孩子。

Ⅳ. 12岁以下儿童感统失调自测表

感觉统合是大脑的"红绿灯",是一切学习能力的基础。当感觉统合处理好所有的感觉信息时,学习的行为就发生了。那么,儿童感觉统合失调会有什么表现呢?

前庭失调:大脑雷达失灵

前庭觉是大脑的一个雷达,绝大部分的感觉信息都会从这里传入大脑,再传到我们的眼、耳、手、口等感觉器官,来完成任务。

比如我们听到老师说话的信息,看到黑板上书写的汉字,手握笔的感觉,我们的头克服重力的影响来保证身体坐直等,这些信息都会受到前庭觉的处理,才能使我们更好地处理学习任务。

所以,前庭失调的孩子,会表现出一系列的小问题:

前庭失调自测表

身体形象不佳,比如:看书的时候一会儿趴着、一会儿坐着、一会儿躺着,总是喜欢让自己的头处在不同的高度上
"b""p"不分,写字左右颠倒、上下颠倒,写字会出现横不平、竖不直,大小不一
经常过于兴奋,到处疯跑,满地打滚

畏高，喜欢旋转，久转不晕或一转就晕
笨手笨脚，总是跌倒或碰倒东西，但都不是出于自愿
注意力状态不佳，总是走神儿、溜号
听不懂指令、听不全指令、听指令较慢，执行起来困难
读书丢字、漏字、跳行
情绪控制不佳

本体失调：身体地图失效

本体感是我们对于身体的一种感觉，它影响我们对身体的控制。比如，我们在书写过程中对笔的控制需要用到手部的肌肉，保持坐姿需要运用腰部的肌力，说话时需要口腔肌肉的配合……所以本体感也会影响孩子的学习行为。本体感失调的孩子可能出现的问题有：

本体失调自测表

身体控制有问题，站没站相、坐没坐相，小动作比较多
影响动作的协调性，会出现身体不协调、不会拍球数数、写字歪七扭八、空间感不好等问题
影响创造力
影响语言发展，出现吐字不清、总流口水等现象

触觉失调：皮肤感应器失真

触觉是从孩子在妈妈的子宫里一直到出生、成长过程中都需要运用的最基本的感觉。我们能感受到的冷、热、痛、痒等，都是来自触觉。在生活学习中，我们感受衣服的材质，感觉书本的材料，通过拥抱建立和同伴的信任，这些都是通过触觉来实现的。

触觉对于我们的社会交往和情绪的控制都有很大的影响。在婴幼儿时期，我们是通过触摸来了解各种物体，识别方、圆、角等各种形状的。所以触摸不够的孩子，在长大后可能会出现形状分辨不佳、空间分辨不好的情况。

触觉失调的孩子，主要会有以下两个方面的表现：

触觉失调自测表

触觉敏感：比较挑食、挑衣服、挑环境、害怕触碰、粘人、怕黑
触觉迟钝：对于力度的感受不佳，表现出手比较重、摔伤却没有感觉、自我保护意识欠缺等情况

感统失调的综合表现

整体上，感统失调的孩子因为在处理各个简单任务的时候已经出现困难，所以，在学习、社交等复杂的活动上，孩子就会显得很笨拙，总是丢三落四、拖沓、磨蹭，无法同时完成多个任务。比如：做作业慢，总是忘记带课本，听课的时候没法记笔记，写字的时候听不到老师的上课内容等。感统失调的孩子因为生理的原因，无法像普通孩子一样顺利地完成生活、学习的任务，长此以往，他们的自信心也会出现很大的问题。

虽然前面介绍了一些自测方法，但很多家长对于感觉统合的概念仍然模棱两可，因而对孩子的感觉统合能力良好与否，如何筛查孩子是否本体感失调、触觉敏感存在疑问。其实这并不难，通过7个小游戏家长就可以自行判断。（以下游戏适合4周岁及以上的儿童，家长应严格按照指导方法进行测试，年龄较小的儿童可适当降低难度。）

游戏之前需准备的道具：宽胶带、篮球、软球（成人手掌大小）、沙发。

游戏一：闭眼静站

游戏方法：

①在地板上贴一条长10厘米左右的宽胶带；

②让孩子站在胶带上，双脚并紧，双手垂直放下，身体挺直，眼睛闭上；

③闭眼静站1分钟；

④结束，休息片刻，重复3次。

游戏分析：

如果孩子在3次静站中出现明显摇晃，说明孩子的前庭觉可能发育不佳。

游戏二：闭眼左右身体操

游戏方法：

①在地板上贴一条长10厘米左右的宽胶带；

②让孩子站在胶带上，双脚并紧，双手垂直放下，身体挺直，眼睛闭上；

③父母快速说出如下指令：

举起左手，放下；

抬起右脚，放下；

右手摸左脚，放下；

右手摸右脚，放下；

左手摸右耳朵，放下……

以此类推，重复10次。

游戏分析：

左右分辨不好或反应明显较慢的孩子，本体感和前庭觉都有可能不佳；如果分辨错误次数较多，孩子在学习上有可能出现"b""p"不分、"6""9"不分、上下结构左右结构混淆的情况。

游戏三：闭眼原地踏步走

游戏方法：

①在地板上贴一条长10厘米左右的宽胶带；

②让孩子站在胶带上，双脚并紧，双手垂直放下，身体挺直，眼睛闭上；

③让孩子凭着感觉做闭眼原地踏步走，脚不要离开胶带；

④父母数节拍，要求孩子手抬高，腿尽量抬到90度；

⑤让孩子跟着节奏走，完成8个8拍，重复3次。

游戏分析：

如果孩子偏离原地较远、转圈或者偏离了自己再走回来，都说明孩子的本体感发育欠佳。

游戏四：上抛接球

游戏方法：

①在地板上贴一条长10厘米左右的宽胶带，要求孩子站到胶带上；

②双脚微微分开与肩膀同宽，双手握住球，做上抛接球；

③球要扔过头顶，手不能过肩膀，脚不离开胶带；

④眼睛和头追随球的轨迹上下移动；

⑤完成30个即可。

游戏分析：

主要观察孩子的眼球和头能否追踪球的移动轨迹。如果眼球和头跟不上球的运动，说明孩子的前庭感受器发育可能出现问题，在日常学习中，读书可能会出现丢漏、跳行等情况。

游戏五：摸墙转

游戏方法：

①在墙上高于孩子眼睛10厘米的地方贴上一个方形的宽胶带；

②让孩子沿着左边或者右边旋转；

③每转一圈，摸一次宽胶带，转到微微有眩晕感时，停止；

④为保护孩子，家长可以双手打开，让孩子站在自己双臂中间转。

游戏分析：

如果孩子一转就晕，或者久转不晕，那么孩子可能出现了前庭觉失调的问题。

游戏六：左右手交替拍球

游戏方法：

①在地板上贴一条长10厘米左右的宽胶带；

②要求孩子站到胶带上，双脚微微分开与肩膀同宽；

③让孩子手握篮球，左手拍一下，右手拍一下，脚不离开胶带；

④拍100个球即可，做3组，观察孩子的情况。

游戏分析：

如果孩子出现追着球跑、控制球有困难等情况，说明孩子本体感可能出现失调。

游戏七：跳床

游戏方法：

①让孩子站到沙发上（沙发不要过软或太小）；

②要求孩子双脚并紧，双手垂直放下，腰挺直；

③父母站在孩子前方1米左右；

④让孩子眼睛一直看着父母的头，然后尽量跳高；

⑤定点跳,跳一个数一个;

⑥数到 100 停止,休息片刻,共做 3 组。

游戏分析:

如果孩子出现左右乱晃,跳和数不一致,说明孩子在本体感上可能存在问题。

由于触觉失调的表现和触觉失调的排除方法类似,所以不在此赘述。结合以上 7 个小游戏和《12 岁以下儿童感统失调自测表》中孩子的学习、行为表现,家长们可以初步判断孩子感统能力的发展情况。

图书在版编目（CIP）数据

唤醒儿童学习力/林薇著.—昆明：晨光出版社，
2022.9
ISBN 978-7-5715-1591-1

Ⅰ.①唤… Ⅱ.①林… Ⅲ.①学习方法-儿童教育-家庭教育 Ⅳ.①G791②G782

中国版本图书馆CIP数据核字（2022）第110645号

HUAN XING ER TONG XUE XI LI

唤醒儿童学习力

林薇 著

出 版 人	杨旭恒
总 策 划	杨旭恒
责任编辑	李 政　常颖雯
内文插画	王芷玄
出　　版	云南出版集团 晨光出版社
地　　址	昆明市环城西路609号新闻出版大楼
邮　　编	650034
发行电话	（010）88356856　88356858
印　　刷	固安兰星球彩色印刷有限公司
经　　销	各地新华书店
版　　次	2022年9月第1版
印　　次	2022年9月第1次印刷
开　　本	145mm×210mm 32开
印　　张	9
字　　数	174千
ＩＳＢＮ	978-7-5715-1591-1
定　　价	42.00元

退换声明：若有印刷质量问题，请及时和销售部门（010-88356856）联系退换。